Un nuevo mensaje

Un nuevo mensaje

Las enseñanzas del médium
que aprendió a recibir
y a interpretar las señales
del más allá

Mikel Lizarralde

Prólogo de Marilyn Rossner

VERGARA

Papel certificado por el Forest Stewardship Council®

Primera edición: enero de 2021
Primera reimpresión: marzo de 2021

Printed in Spain – Impreso en España

ISBN: 978-84-18045-08-0
Depósito Legal: B-4.235-2020

Compuesto en Llibresimes, S. L.

Impreso en Limpergraf
Barberà del Vallés (Barcelona)

VE 4 5 0 8 0

A mi padre

CONTENIDO

AGRADECIMIENTOS

A MIS PADRES. GRACIAS POR TODO el amor y apoyo incondicional que siempre me habéis demostrado. Vuestra humildad, vuestro trabajo, esfuerzo y dedicación ha transformado mi vida.

A Arantzazu: mi apoyo y confidente.

A mi familia, por estar ahí siempre.

A José Ramón, por quererme sin demostrarlo, y demostrarlo sin decirlo.

A Iñaki: la luz que me guía.

A Mado Martínez, por insistir.

A todos mis amigos, por las confesiones, por ser mi familia, por aconsejarme como lo hace la familia. Por ser.

A Marilyn, por creer en mí siempre. Por ser mi tía canadiense. Tu labor humanitaria y con el mundo de los espíritus es encomiable. Espero estar a la altura de tu legado.

A Elizabeth Cosmos: siempre un apoyo. Tus palabras de sabiduría resuenan en mi mente siempre que las necesito.

A Sandra y a Catalina, por ser las primeras que confiaron en mí como médium.

A Laura Gómez, por guiarme.

A la familia Penguin Random House... por creer en mí.

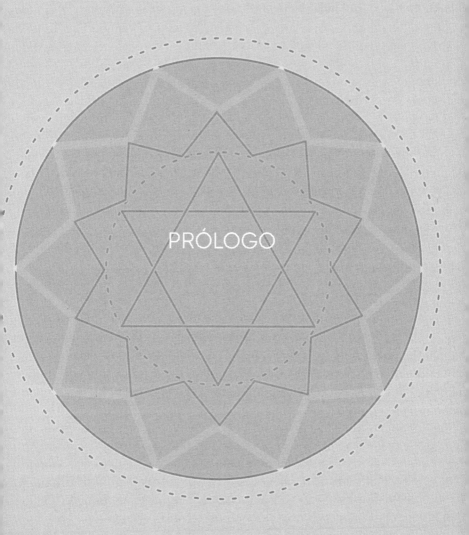

PRÓLOGO

Hace unos dieciséis años tuve la oportunidad de conocer a Mikel Lizarralde. Mikel era un joven buscador
que asistía a una conferencia en el Palacio de Miramar,
en San Sebastián. Por aquel entonces, yo era una de las
facilitadoras que enseñaban sobre la vida después de la
muerte y cómo desarrollar la capacidad de establecer
contacto con el mundo espiritual.

Permíteme presentarme. Mi esposo, el padre Dr.
John Rossner, y yo, creamos el International Institute of
Integral Human Sciences (IIIHS - Instituto Internacional de Ciencias Humanas Integrales) en 1975 y la beca
de Ciencias Espirituales (SSF) en 1977. El IIIHS es una
organización no gubernamental afiliada a las Naciones
Unidas. Su objetivo es estudiar y comprender las tradi-
ciones y las comunidades y desarrollar oportunidades
para que las personas entiendan las experiencias humanas, el espíritu y la transformación universal. La SSF
es una comunidad interreligiosa que brinda servicios
espirituales, programas educativos y oficios pastorales
para personas que desean comprender las experiencias
humanas relacionadas con la videncia y la espiritualidad
y dedicarse al crecimiento espiritual personal, la com-

prensión y el desarrollo de la videncia en un ambiente de pensamiento libre, informado y de investigación.

Al final de mi conferencia, invité a la gente que quisiera estudiar con nosotros a que viniera a Montreal. Mikel se acercó a mí y expresó su interés por pasar un tiempo en Montreal con nosotros. Cuando miré a Mikel me di cuenta de que había algo muy diferente en él y en sus habilidades. Vi su cara en medio de un Sol alrededor del cual había muchos colores y cada color apuntaba en una dirección distinta. Como médium, te podrás imaginar lo emocionada que estaba al ver a un joven con semejante potencial. Cada color a su alrededor representaba un don espiritual, y la intensidad de cada uno indicaba que no solo poseía ese don potencial, sino que el don únicamente se usaría en beneficio de la humanidad.

Poco después de esto, Mikel llegó a Montreal, ingenuo, inocente, amoroso, lleno de risa, esperanza y expectativas. Mikel fue en extremo serio al tratar de dominar las técnicas de la mediumnidad y hacía muchas preguntas. Estaba decidido a entender cómo funciona, por qué funciona y cómo podría ayudar a aliviar el miedo a la muerte. El insaciable interés de Mikel por la vida después de la muerte nos conmovió profundamente al padre John y a mí. En poco tiempo, sentimos que Mikel era parte de nuestra familia y nos convertimos en sus tíos espirituales.

En unos pocos meses, Mikel ya daba mensajes en nuestros oficios interreligiosos. Fue capaz de transmitir que los espíritus querían que las personas de la Tierra supieran que no están muertos. Nos quedó claro que Mikel, con su don y sus intereses, estaba destinado a dedicar su vida a que otros supieran que no hay muerte. Mikel pasó unos años en Montreal con nosotros y, posteriormente, regresó a Montreal para asistir y participar en nuestras conferencias internacionales anuales. Después de eso, hizo la formación de mediumnidad en Inglaterra.

El padre John y yo hemos tenido la oportunidad de formar a miles de personas en muchos países del mundo. Mikel es, sin duda, lo que llamamos nuestro médium «cinco estrellas superior». Cada vez que hemos tenido la oportunidad de invitar a un excelente médium que demuestre la supervivencia a la muerte con datos veraces, alguien que comparte desde su corazón, siempre, siempre, recurrimos a Mikel. Hemos tenido, además, el privilegio de conocer a su familia biológica. Solo la comprensión de la comunicación con el espíritu permitió a su querida familia aceptar y vivir en paz la repentina transición del hermano de Mikel una Nochebuena.

Ahora más que nunca, el mundo vive una segunda revolución copernicana. La comunicación con el espíritu es más necesaria que nunca. Estoy segura de que Mikel continuará dedicando su vida a transmitir los hermosos mensajes del más allá con sus demostraciones, su enseñanza, su compasión y su comprensión de lo que se necesita. La sólida formación académica de Mikel en Psicología, Sociología, Filosofía y Religión lo convierten en el médium ideal para comunicar los mensajes importantes de la vida eterna.

Marilyn Rossner PhD, EdD
Una de las mejores médiums del mundo.
Pionera en la utilización del yoga en terapias con niños.
Especialista en Terapia del Comportamiento y Yoga.
Fundadora del SSF y cofundadora del IIIHS de Montreal, www.iiihs.org.

NOTA AL LECTOR

ANTE TODO, GRACIAS. GRACIAS POR ESCOGER este libro y gracias por tomarte el tiempo de leerlo.

Más que ninguna otra cosa, este libro es un salto al vacío. Un salto al vacío sin paracaídas y sin miedo. Es una mirada al interior de mi vida y a lo más profundo de mi corazón.

Por primera vez, y sin tapujos, abro mi corazón de par en par y cuento las cosas tal cual sucedieron. Al menos tal cual yo las recuerdo. Algunas de las situaciones que aparecen en este libro nunca han sido contadas, ni siquiera a las personas más allegadas de mi entorno. Reconozco que, en parte, también me ha servido de reflexión interna y de terapia.

Todo lo que leerás a continuación ha ocurrido. He procurado contar los hechos de la manera más fiel y objetiva posible, intentando, eso sí, no perder la frescura de quien lo cuenta de primera mano. Debido a la edad a la que viví algunos acontecimientos y al paso del tiempo, puede que encuentres ciertas cosas que cronológicamente no sean del todo exactas. Es posible que haya confundido alguna ubicación o cambiado de lugar a alguno de los personajes. Si es así, pido disculpas. Para

terminar, los nombres y algunos datos de los protagonistas se han modificado para preservar su intimidad.

Este libro tiene la única pretensión de poder ayudar
y de dar a conocer lo que es la mediumnidad auténtica.
Si por el camino consigo derribar algunos estigmas relacionados con el género, quitar del paso miedos y creencias erróneas, o si puedo entretener al lector, mi misión
estará más que conseguida. Lo único que he querido
con este libro es exponer mi historia y mis vivencias
personales y compartir mi vida con aquel que desee conocerla.

Lo que narro en este libro refleja la manera como a
mí me ha ocurrido, y así es como yo lo he vivenciado; no
significa que esta sea la única forma de hacer mediumnidad, ni la más correcta. La mediumnidad no es una
ciencia exacta en la que utilizamos una fórmula $x=y+z$
para que todo se rija y se mida por el mismo rasero. La
mediumnidad es un maravilloso don que nos ayuda a
conectar con aquellos que ya no están entre nosotros.
Los médiums son aquellos que son capaces de conectar
con un alma ya desencarnada, ofreciendo evidencias de
quiénes son en realidad y facilitando mensajes sumamente sanadores. Digamos que se trata de un intermediario entre los que viven y los que han fallecido. Cada
persona es diferente.

Cada persona conecta y entiende la mediumnidad
de manera única y especial. En mi caso, veo imágenes,
palabras o escenas. Soy capaz de describir aspectos fí-

sicos de la persona fallecida, a la vez que siento en mi cuerpo las emociones y sensaciones que sintió el espíritu antes de morir, y también lo que desea transmitir; ahora nuestro objetivo debe ser siempre el de ayudar, ofreciendo siempre evidencias de aquello que estamos diciendo.

La mediumnidad es, para muchos, un camino de vida. Si piensas que tú tienes este don, no lo tomes a la ligera: fórmate, asiste a conferencias, lee, estudia la fenomenología, pasa tiempo junto a distintos médiums de diferentes nacionalidades que trabajen de forma diferente, aprende múltiples técnicas y cultiva tu interior, concéntrate en trabajar la parte emocional. No aceptes algo que te dicen simplemente por quién lo cuenta, o porque te aseguren que debe ser así. Compruébalo, duda de todo y pruébalo por ti mismo.

Una de las cosas más importantes que he descubierto con el paso del tiempo, es que el don de la comunicación con los espíritus es algo vivo. No está yacente, sino que respira, cambia, se transforma y crece si se le incentiva de modo conveniente. Si trabajamos por ello, el don seguirá creciendo, te maravillará y sorprenderá de manera muy grata. Pero siempre con seriedad y con rigor. No es algo que se deba tomar a la ligera, requiere responsabilidad y saber dónde y cuándo lo puedes utilizar.

Ciertos años de mi vida no han sido fáciles. Incluso ha habido momentos en los que he deseado no desarrollar el don, hasta he deseado no tenerlo. Luché contra ello. Sin embargo, ahora, con el paso de los años y con una mirada crítica en retrospectiva, me doy cuenta de que es la bendición más grande y maravillosa que la vida me ha podido dar.

Estoy muy agradecido porque haya sido así, que se me hayan dado las oportunidades de poderlo desarrollar y reconocer las señales para hacerlo.

También estoy infinitamente agradecido contigo que estás leyendo estas páginas, por ser y estar.

Mikel

Capítulo uno

EN BUSCA DE RESPUESTAS

DESDE QUE ERA NIÑO HE TENIDO la capacidad de ver, sentir, escuchar y comunicarme con los espíritus. He recibido mensajes, señales, avisos y referencias sobre el futuro y situaciones que aún no habían sucedido. Los espíritus, su compañía y la comunicación con ellos han sido una constante en mi vida. Aunque en ese entonces no sabía cómo interpretarlo, me parecía completamente normal y creía que otros niños también lo percibían de la misma forma. Pensaba que era algo intrínseco a todos los seres humanos, aunque no sabía muy bien qué era. No sabía qué significaba ser médium, pero aquellas visiones y percepciones las viví de manera normal. No fue hasta que cumplí unos doce años que en realidad me di cuenta de que algo pasaba conmigo, que aquello quizá fuera algo extrasensorial y más especial.

La primera vez que me atreví a decir que era médium tenía cerca de veintiocho años. Había estado en Canadá formándome en el instituto IIIHS-SSF de la gran Marilyn Rossner durante dos años y medio, y después había continuado mi formación tomando cursos en Inglaterra, en el prestigioso colegio de médiums Arthur Findlay College. Ese era mi camino, pero hasta entonces, yo nunca me había «atrevido» a presentarme ante los demás con ese título.

En realidad, no fui yo quien lo dijo. Otras personas me aseguraron que eso era yo, y la situación me llevó a decir que «sí» en varias ocasiones, aunque hay una que recuerdo en especial. Se trataba de una madre que había perdido a su hijo unos años atrás. La mujer, al contrario de lo que les suele pasar a otras personas, no tenía culpa alguna, solamente curiosidad. Curiosidad y ganas, muchas ganas. Ganas de encontrar respuestas.

Hasta ese momento no lo había dicho nunca en voz alta, no podía. No podía denominarme a mí mismo *médium*. Era un trabajo tan serio y riguroso, tan grande, que me parecía bastante osado decir que yo lo realizaba. Sabía, y siempre lo supe, que no era un juego, que era algo muy serio, y me parecía que no estaba preparado para ser eso, hacer eso y/o dedicarme a eso. Aunque en mi fuero interno lo anhelara y ya estuviera haciendo consultas de forma regular en mi día a día, pensaba que no estaba preparado.

A menudo evitaba el tema, o bien me escudaba en otras definiciones que me parecían más livianas. ¿Yo? ¿Médium? Era una gran responsabilidad. Quizá por timidez, quizá por miedo a no ser aceptado y, sobre todo, por respeto. Respeto al mundo de los espíritus y respeto a las personas que vienen en busca de luz, mensajes, consuelo y paz interior. Utilizaba palabras como intuitivo o vidente, pero nunca médium. Algunas personas decían que yo era el chico que les hablaba del futuro o que les contaba cosas de los fallecidos, pero nunca nadie me había llamado a mí directamente «médium». Sin embargo, eso es lo que yo era y eso es lo que yo soy.

No podemos escapar
de lo que somos en realidad.

Aquella señora, desesperada por encontrar la paz ansiada y por arrojar luz a una muerte un tanto extraña, me preguntó a viva voz:

—¿Tú eres Mikel Lizarralde?

—Sí —contesté.

—¿Eres el médium del que tanto habla la gente?

—No sé... —le respondí.

No sabía qué decir... De repente me faltaban las palabras.

—Pero... —insistió la señora—: Tú eres médium, ¿verdad?

Nunca nadie me había llamado así, no de un modo directo. Por supuesto que durante mi formación en Canadá mis profesores me lo decían todo el tiempo, pero en ese instante era algo real, algo palpable y casi tangible. Algo tan real que no podía escapar. Pudiera ser que el universo hubiera puesto a esa señora en mi camino y propiciara esa situación para que yo abrazara lo que era y lo que soy realmente.

Intenté contestar y durante unos segundos no pude emitir ningún sonido; me sentía paralizado mirando los ojos llorosos y esperanzados de aquella mujer.

—Sí. Sí, soy yo —respondí con un susurro.

Su reacción fue sobrecogedora. La mujer se echó a llorar y me abrazó tan fuerte que dolía. Me abrazó como si fuera el propio hijo fallecido el que se le hubiera aparecido. No sabía qué hacer, ni qué decir. Aquello nunca me había pasado y era una situación nueva para mí.

—¡Aaaay! ¡Al fin! ¡Al fin te encuentro! ¡Me han hablado tanto de ti!

Entre sollozos, risa nerviosa, ilusionada y con expresión rebosante de cariño, me preguntó si podría atenderla. Le dije que sí. Tenía tiempo y pude hacerle una sesión un par de horas más tarde. No recuerdo muchos detalles de la sesión, pero sí recuerdo que aquella mujer salió totalmente liberada y con paz en su corazón.

Al terminar la consulta, me dije a mí mismo que eso era lo que yo debía hacer en el mundo. Que yo era médium y que aquella era mi misión. Que ya bastaba de tener miedo, vergüenza o temer al qué dirán. La mediumnidad es real y puede ayudar a aliviar las penas de los corazones. Y eso fue lo que hice a partir de ese día. Tomé una determinación y me propuse que, desde ese instante en adelante, me dedicaría de forma exclusiva a ayudar a las personas trayendo la verdad sobre la existencia del alma después del cambio llamado «muerte», que lo haría a través de la mediumnidad y que diría sin pudor quién era y qué hacía, cuando me presentara a los demás o cuando alguien me lo preguntara.

Pese a todas las concepciones erróneas, supersticiosas o maliciosas, la mediumnidad es un regalo de Dios, un don maravilloso al que no hay que temer y no debe dar vergüenza pues es un regalo. Corrí al espejo con el corazón palpitando como un niño pequeño, alegre, miré fijamente mis ojos marrones en el reflejo y me dije: «Mi nombre es Mikel Lizarralde y soy médium y vidente. Ese soy yo». Gracias al regalo que me hizo aquella mujer anónima pude en realidad terminar de aceptar y abrazar mi verdadera naturaleza y misión.

Muchos os preguntaréis cómo puede ser eso cierto. Cómo alguien puede hablar con los muertos. En realidad, y ya lo hablaremos más adelante en este libro, no están muertos. Siguen viviendo y comunicándose de una manera interactiva, desde otro plano, desde otro lugar. Nos ven, nos sienten, guían y ayudan. Pueden hacer mover objetos, manejar aparatos electrónicos o susurrarnos al oído con el fin de hacernos saber que están ahí, pero nunca pueden interferir en nuestras elecciones y nuestros aprendizajes de vida. Solo pueden acompañarnos y guiarnos de una manera amorosa, desde el amor incondicional. Ellos siguen viviendo, pero sin cuerpo, lo hacen de otra forma. Piensan, sienten y continúan siendo quienes eran en vida, pero ahora en una versión mejorada de sí mismos. En términos modernos, podría decirse que se trata de una versión 2.0 de su existencia.

Los médiums damos evidencias de esa vida en el más allá y empleamos el don para ayudar a traer paz a los corazones humanos. Espero que con mis experiencias y con lo que os contaré sobre el mundo de los espíritus en este libro, entendáis mejor el más allá. Dejemos atrás miedos y condicionamientos de la mente, y, sobre todo, entendamos que solo se trata de un cambio de estado.

Entender esto no fue nada fácil para mi familia, y no siempre lo fue tampoco para mí. Debido a creencias, miedos y dogmas falsos, en su mayoría equivocados, a mis seres queridos les aterraba ver lo que estaba ocurriendo, en especial a mis padres. Ellos nunca me dijeron que estaba loco, ni que lo que veía y sentía no era normal. Ni siquiera, que no era cierto o correcto. Solamente me daban amor, y me pedían que le rezara a la Virgen María para que me protegiera y para que me ayudara a entender lo que me estaba sucediendo. Hoy en día sé que el amor y las bases espirituales que mis padres me compartieron ayudaron a que mi don se mantuviera vivo y no se anulase, como les pasa a otros niños.

Mi infancia y mi vida han sido bastante normales, al menos, yo lo he vivido de este modo. Una infancia feliz, muy feliz y una vida, al menos hasta los veintitrés años, bastante normal. Jugaba, estudiaba y me peleaba como los demás niños. Es cierto que siempre he sido muy sensible, y que ciertos ambientes, lugares y sonidos me molestan. Pero no de forma tan notoria, que fuera distinto en mí que en otro niño sensible de la época.

Mi familia era muy religiosa: católica, apostólica y romana. Lo normal en aquella época, con más precisión, en el año 78. Crecí en un ambiente de espiritualidad, religión, valores y con mucha protección; tal vez por eso de ser el pequeño; incluso hasta demasiada, y, eso sí, mucho cariño. Cuando hablo de religiosidad, deben entender que en aquella época, esa era la espiritualidad que estaba a nuestro alcance. No es como hoy en día, cuando existen numerosos templos de religiones diferentes y diversos movimientos espirituales, y cuando de modo habitual pueden encontrar prácticas como el yoga, la meditación o el chi kung. Entonces, no. No existía esa posibilidad. Lo normal, y de alguna manera también lo socialmente correcto, era ser católico e ir a misa los domingos. Criar a tus hijos en la fe católica y ser buenos cristianos. Aunque católica, mi familia siempre mantuvo una mirada abierta y amorosa hacia otras personas y prácticas. Nunca actuaron de forma extremista, donde solo su fe y sus creencias fueran las reales y las válidas. Siempre nos educaron para aceptar a otras personas y nos mostraron el camino de la fe con mucho amor. No con castigo o tiranía.

Aunque ciertamente no comprendían lo que me ocurría y se asustaban con las predicciones que realizaba, jamás intentaron cambiarme, al revés, siempre me protegieron e intentaron arroparme para poderme ayudar. No sabían cómo hacerlo, cómo ayudarme; por eso, cuando se asustaban, rezábamos.

La oración, la introspección y la comunicación
con Dios siempre fueron desde niño
parte de mi día a día.

Además, me gustaba. Me daba paz y serenidad. Como he dicho antes, esa era la espiritualidad que existía en aquel entonces y la que estaba a nuestro alcance en la España de principios de los ochenta. No obstante, el pasar tiempo en lugares de culto como iglesias o capillas, incluso en cementerios remotos, siempre me dio serenidad. Así como otros jugaban al futbol o al escondite, a mí me gustaba acercarme a estos lugares cuando no había nadie, acompañado de mis perritos. Hoy en día es algo que también hago. Busco refugiarme en espacios cargados de energía, ya sea en la naturaleza o en un lugar de culto, como algún templo, y paso tiempo allí en soledad. Me ayuda a conectarme conmigo mismo y con el universo. Llamémoslo *meditar*. Me ayuda a relajarme y evadirme.

A menudo, debido a que mi escuela se situaba en un edificio anexo a una de las iglesias del pueblo, y que, por diversas razones, mi madre pasaba mucho tiempo allí, tenía la oportunidad de estar en ese lugar. Por lo general ella iba a enseñar el catecismo a otros niños; otras veces se ofrecía como voluntaria para limpiar la iglesia o se encargaba de decorarla con flores para ayudar en el negocio de mis tíos. Esos eran los momentos en los que podía acercarme después del colegio y pasar un tiempo a solas delante del altar o dentro de la sacristía, con la excusa de estar con mi madre. Buscaba ese cobijo y conexión divinos, y cuando nadie me miraba, rezaba y pedía por la humanidad. Si había predicho algún suceso o sentía que vendría una sequía o alguna catástrofe en el mundo, rezaba.

Rezar en estos lugares no solo me daba paz y sosiego, sino que me ayudaba a entrar en otros estados, lo que hoy en día llamaríamos *estados alterados de conciencia*, y, a menudo, recibía visitas de espíritus desde el más allá; otras muchas veces tenía predicciones o sentía la presencia de alguna deidad que en numerosas ocasiones traía un mensaje.

Aquello me proporcionaba paz. Me daba serenidad, sentido de pertenencia y calma interior. El estar en la iglesia, sin que nadie más estuviera presente, sentarme en un banco en frente del altar o en alguna esquina más discreta, me gustaba tanto, que era a veces hasta una necesidad. Incluso hoy en día lo hago cuando necesito aclarar las ideas o estar en paz. Mirando hacia atrás, me doy cuenta de que era algo que hacía con bastante frecuencia, pero no solo en iglesias o templos, también en la naturaleza. Lugares donde había caballos, pozos o ríos donde el agua corría y con su murmullo me envolvía. Estos eran lugares que frecuentaba y en los que de alguna manera me calmaba y me conectaba con ese otro mundo. No sé si aquellos espacios tenían una energía especial, como si fueran portales entre los dos mundos, o si era el estado que alcanzaba al estar allí; lo que sé es que conseguía estar en un entorno que propiciaba ese estado alterado de conciencia, el estar a la vez «aquí» y «allí».

Ahora entiendo, desde la madurez, que estas prácticas me ayudaban no solo a entrar en una especie de meditación y a tranquilizarme, sino también a «encender» o purificar aún más el don. Y aquello que deseaba anular se activaba más gracias, precisamente, a las prácticas que realizaba para escaparme de ello. Una paradoja que entonces no comprendía, pero que estoy seguro ayudó a que mis dones no se «desactivaran».

En ocasiones, cuando tenía una preocupación o un presentimiento negativo, le rezaba a la Virgen y sentía que me ayudaba. Ese modo de experimentar era la espiritualidad de la que disponía en aquel momento. La que mis padres conocían, estaba a su alcance, podían compartirme y provenía de su educación. La que en aquel momento la mayoría de la gente experimentaba en España.

Pero ¿cómo hacer que estas vivencias no se apoderaran de mí? Las sensaciones eran tan fuertes e intensas, que, a veces, me costaba respirar o tenía sensaciones en mi cuerpo que distorsionaban mi día a día. Sentía el llanto, la tristeza, el gozo, la intensidad, la pena o cualquier emoción que el espíritu o aquella visión estuviera intentando transmitir. Tan fuerte, que parecía un sentimiento mío.

Después estaba lo de la presión en el estómago. Cuando tenía estas experiencias, percibía una sensación tan extraña en la boca del estómago... No era dolor, era más bien como una necesidad. Una especie de cosquilleo punzante acompañado de un deseo de hacerles saber a los demás la información que se me había hecho llegar, junto con muchas emociones. Una sensación de que alguien me estaba tirando desde ese punto de mi cuerpo, y como si me estuviera estirando. Algo muy extraño que yo no entendía. ¿Cómo haría entonces para poder controlarlo? Más aún, ¿cómo hacer para que mis padres no se asustaran al ver lo que su hijo estaba padeciendo y que médicamente no se podía explicar?

Con el tiempo aprendí cuál era su lenguaje y cómo ellos podían entender y aceptar mejor mis vivencias, así que comencé a utilizar su jerga. Empecé a decir que «mientras rezaba a la Virgen, había sentido tal o cual cosa». Muchas veces era así, o eso creía yo, pero no siempre. Aprendí a decir que las vivencias me ocurrían mientras rezaba o estaba dormido.

Aquello les dio a mis padres un sentimiento de tranquilidad y bienestar. Su miedo era que me fuera a pasar algo malo. Que no pudiera controlar lo que me sucedía y perdiese el control. Que eso que sentía se apoderara de mí. Pero al transmitir los mensajes de esta otra manera, comprendieron que, aunque su hijo estuviera haciendo o diciendo cosas extrañas, no podían hacerme ningún mal y no podían ser malévolos, «puesto que a Mikel se le presentaban cuando estaba en presencia de la Virgen o en oración». Un pequeño truco que me ayudó a relajar a los que me acompañaban y que en parte es una de las razones por las que hoy en día aún mantengo el don.

Nací siendo el cuarto y último hijo de una familia de clase obrera. Llegué por sorpresa, y cuando nací, mis hermanos mayores me llevaban bastante diferencia de edad. Creo que no me esperaban. Mis padres tenían tres hijos más: José Ramón, de trece años; Arantzazu, de doce, y Eugenio, de siete.

Vivíamos en un barrio modesto a las afueras de un pequeño pueblo del interior de Guipúzcoa, Urretxu, en el norte de España. Mi padre era delineante y mi madre era, sobre todo, ama de casa. Digo sobre todo, porque también daba clases particulares de inglés, ayudaba a mis tíos con el negocio de las flores y siempre se mantenía inmersa en diferentes actividades.

Mi infancia ha sido muy feliz y está plagada de bellos recuerdos. Quizás a algún lector pueda parecerle extraño. ¿Cómo puede ser un niño tan diferente, feliz? Pues sí. Lo fui, y mucho. Muy, muy feliz. El poder ver espíritus y comunicarme con ellos no era algo que me pareciera único o extraño, pensaba que era algo natural en todas las personas y, quizá por eso, no le di mayor importancia. En algunas ocasiones, predecía situaciones o veía personas o escenas que sacudían mi entorno, pero aprendía a callarlo y a hablarlo solo en ciertos lugares o con personas con las que me sentía seguro. Sabía que las personas tenían una sensación única y diferente, como una huella dactilar. Eso que hoy en día llamamos «aura» o «energía». Yo me guiaba siempre por eso y sabía que mis «otros amigos» tenían esa energía diferente a la del resto. Sabía que esas otras esferas o amistades no se percibían igual. Pero, sobre todo, aprendí que a veces tenía unos amigos con los que podía jugar a ciertos juegos, y que luego había la posibilidad de que vinieran «otros amigos». Aprendí con estos últimos a que jugaríamos cuando los demás, sobre todo los adultos, no estuvieran. O al menos eso creía yo, que nadie me veía y que nadie realmente se daba cuenta cuando yo interactuaba con mis amigos, aquellos del otro lado.

No sabía qué eran, ni quiénes eran, tampoco lo que significaba la palabra *espíritu*, ni que ellos lo pudieran ser, pero sabía que eran reales y que podíamos interactuar igual que lo hacía con mis amigos del barrio. Sin embargo, sí era consciente de que algo distinto ocurría cuando ellos se aparecían. Cada persona emana una energía, algo que entonces yo no sabía cómo se llamaba, pero sí podía percibir. Esta «energía» era muy diferente a la que notaba en mis amigos de la escuela.

Primero, porque cuando «los espíritus» se manifestaban, normalmente lo hacían cuando no había nadie más, o cuando me sentía triste o solo, a veces por la noche antes de acostarme. En otras ocasiones no era consciente de que aquellos no eran de carne y hueso. Es más, ahora, mirando hacia atrás, me doy cuenta de que nunca en realidad lo fui. Sí, me hacían sentir diferente y se presentaban sin quejas, sin llantos, sin pelea ni dolor, solo llenos de pureza. ¿Era eso distinto? Seguro que sí, pero nunca fui consciente de ello hasta que fui más adulto.

Algunas veces notaba que tenían una luz especial, una peculiaridad que les rodeaba, una luz y una vibración que emanaba de ellos de forma especial. Una especie de halo, para que me entendáis. Siempre con una sonrisa, siempre gozosos y siempre positivos. Recuerdo de manera anecdótica que cuando mis amigos se enfadaban entre ellos y las pandillas querían que eligiera un bando al que apoyar o pertenecer, a veces les decía que mis «otros amigos» nunca se enfadaban. O les decía que si no me aceptaban en ningún bando no me importaba, puesto que tenía la compañía de los animales y la de los amigos que no se enfadaban...

Sobre todo, lo que me hacía darme cuenta de que se trataba de personas diferentes, y que quizá podía haber algo único en ellos, era lo que transmitían cuando se presentaban. Cuando lo hacían, les rodeaba una luz blanca incandescente que llenaba todo el espacio, acompañada de un gran sentimiento de amor y de paz, de protección, un refugio que todo lo inundaba, de confianza y abrazo total. Una sensación que aparecía cuando ellos lo hacían y que desaparecía cuando se iban.

Nunca me sentí solo, incluso cuando lo estaba físicamente. Nunca me sentí extraño o alienado, solo que no me planteé lo extraño de esta diferencia, ni por qué ocurría. Sabía que estaba, era consciente de que existía, pero nunca me planteé por qué podría ser. Mucho menos aún que pudiera ser algo negativo o peligroso. Cuando estaba con ellos la sensación era tan mágica y tan maravillosa, que el tiempo volaba y un minuto podía parecer una hora, y una hora, un segundo. Tan maravillosa, que el mundo se paraba; no veía, ni escuchaba nada más. Algo que de hecho a muchos niños les pasa. Cuando se evaden y «están» en ese otro mundo, no escuchan lo que la gente de alrededor les dice.

Estas sensaciones y estos sentimientos no me ocurrían cuando jugaba con mis amigos de la escuela. Pero podía distinguir diferentes ambientes que se activaban o desactivaban en distintos momentos del día. En estos ambientes, algunas veces, aparecían personas o personajes que jugaban conmigo, que me hablaban, que interactuaban... o, por el contrario, se abría un espacio, como si fuera una pantalla de cine tridimensional, donde se narraba una historia. A veces escuchaba una voz. Esos eran los momentos de vacuidad donde se presentaban historias o personas ante mí.

Debido a la diferencia de edad con mis otros hermanos, crecí muy protegido por mis padres. Además, el fin de semana, y cada vez que teníamos oportunidad, íbamos al caserío donde nació mi madre y vivían mis abuelos y tíos. Este es aún un lugar mágico: Loyola, en el municipio de Azpeitia (lugar natal de san Ignacio de Loyola), y rodeado de montañas y de lugares energéticos como iglesias, capillas, ermitas y conventos, riachuelos, altos, cabañas, prados o bosques. Allí era feliz porque podía jugar de manera libre. O bien con mis primos, con mis hermanos, o bien con los animales y con mis «otros amigos». ¡Me encantaba estar allí! Aquí disfrutaba de los animales y del campo. Normalmente jugaba con mis primos, pero si por alguna razón ellos no venían, siempre me rodeaba de animales. En especial de los perros.

—¡Aquí llega! —decía mi abuelo—. ¡El amigo de los perros!

Me hacía mucha gracia y me gustaba que me llamara así, ya que yo siempre he sentido y sabido que los animales tienen sentimientos.

~~~~~~

Siempre me ha gustado estar rodeado de ellos.
No son solo animales, para mí no.
Son seres sensibles y pueden percibir nuestros
estados de ánimo y vivir junto a nosotros
compartiendo todos los aspectos emocionales.

~~~~~~

Saben comunicarse a su manera, y siempre he sabido que puedo contar con ellos. No me gustaba ver cómo muchas veces se les trataba o cómo se les alimentaba en el entorno rural. Claro que entonces no era como ahora. Nadie entendía por qué yo decía esas cosas, si los animales se tienen para cumplir una función y solo sirven si tienen un propósito. Yo hablaba con ellos, telepática o energéticamente, no lo sé. Sentía su tristeza, su alegría, su emoción y su sensibilidad. Cuando estaba a solas con ellos, yo era uno más y ellos eran uno más para mí. Pero aquello no se entendía. «Esas son las cosas raras de las que habla siempre Mikel», decían. Fueron muchas veces, durante el fin de semana y en vacaciones, mis únicos compañeros «visibles» de juegos. Pasaba las horas en la orilla del río, subido a un árbol, o caminando en la naturaleza con la única compañía de los perros. No sabía cómo, pero las horas se me pasaban volando, sin apenas darme cuenta.

Fue en la adolescencia cuando empecé a darme cuenta de que algo diferente me estaba ocurriendo.

Todo adolescente quiere pertenecer al grupo y ser como el resto. Sobre todo, le gusta seguir la moda, lo que en ese momento se lleva y la mayoría hace o es *cool*. Yo también pasé por esa etapa. Me ocurrieron una serie de acontecimientos y realicé una serie de predicciones a familiares muy cercanos, que, al ocurrir, no supe cómo afrontar. Fue un cúmulo de cosas lo que me hizo ser como los demás, o, mejor dicho, intentar serlo. Ese fue uno de los puntos de inflexión por los que intenté alejarme de los dones, ser como los demás. En esa época, me tocó cambiar de instituto y cambiar de pueblo, a uno a escasos cinco kilómetros del mío. Fue realmente ahí donde perdí mi red de seguridad en la que todo el mundo conocía a Mikel y todos sabían las «cosas extrañas» que él hacía, y me di cuenta de que había nuevas personas que no sentían lo mismo que yo y que, además, no les parecía normal.

Ser médium no es lo mismo que ser vidente. El médium es aquel que puede ver/sentir/escuchar y/o percibir espíritus, describirlos de manera fehaciente e inequívoca y, además, dar mensajes verificables a aquellos que aún están en la Tierra. El vidente, sin embargo, puede dar datos sobre eventos o situaciones pasados y futuros, hacer predicciones y facilitar datos fehacientes referentes a la persona o la situación, pero la información no tiene por qué venir de un espíritu. En resumen, podríamos decir que todos los médiums son videntes, pero que los videntes no son médiums. La videncia es una cualidad intrínseca en los médiums, pero no al revés. Profundizaremos en este aspecto, más adelante, pero por ahora quiero compartir un episodio que cambió mi vida para siempre.

CAPÍTULO DOS

UN DESTELLO DE LUZ

CUANDO ERA NIÑO SOLÍAN DAR EN la televisión española películas clásicas que acostumbrábamos a ver en familia. Mis favoritas eran las de Marisol: *Tómbola, Un rayo de luz, Marisol rumbo a Río*, entre otras. En ellas, una niña de aspecto angelical, ojos azules y pelo rubio platino vivía un sinfín de aventuras mientras cantaba y bailaba. Sus películas fueron conocidas en el mundo entero, pero sus canciones fueron aún más populares. Recuerdo cuando los sábados por la tarde, en lugar de salir a la calle a jugar, prefería quedarme a ver una de estas películas en el salón de mi casa.

Los sábados eran días especiales porque nos levantábamos tarde. Por la mañana mi madre iba al mercado y mis hermanos y yo esperábamos con ansia su regreso para ver qué nos había traído. Siempre regresaba con cacahuetes, caramelos, gomitas y muchas, muchas veces, aceitunas. Eran mi capricho favorito y creo que el de mis hermanos también. Duraban poco porque todos las esperábamos con avidez.

Por la tarde era el momento de ver una película. Bueno, al menos cuando no era verano o hacía mal tiempo. Los viernes por la noche comíamos sándwich de jamón y queso mientras veíamos *Un, dos, tres*, un concurso en el que tres familias competían para conseguir dinero y grandes premios, y los sábados, película de Marisol con palomitas. Mi madre hacía palomitas en una cazuela vieja, con el fondo algo gastado y descolorido, que les daba «un sabor especial». Escuchar el estallido de las palomitas y el sonido que hacía la cazuela contra el hierro de la cocina de gas mientras mi madre lo agitaba, el aroma que iba llegando, eran en realidad casi un arte... no debía de ser gran cosa, pero a mí me parecía casi estar en el Cielo: poder disfrutar de aquella exquisitez viendo la tele.

Mi padre trabajaba en la fábrica Irimo, dedicada al diseño y fabricación de herramientas. A los catorce años se incorporó a la empresa, donde le enseñaron el oficio de delineación, diseñando y dibujando las diversas herramientas que después se fabricaban en la forja y que se distribuían por el mundo entero.

Nosotros vivíamos en una barriada que llevaba el mismo nombre que el propietario de la fábrica donde él trabajaba: «Poblado de José Luis Aparicio», más conocido entre todos nosotros como «El Poblado». Se trataba de un barrio exclusivo para los obreros, con casas de cemento construidas en terrenos cedidos por la propia fábrica. Fue una práctica muy extendida durante un tiempo para así dar cabida a los cientos de personas que llegaban de todas partes de España en busca de trabajo. La acería era uno de los motores de empleo en nuestra zona durante aquella época, y los empleados de la fábrica pagaban una renta moderada por vivir allí y debían cumplir algunos requisitos.

El barrio estaba rodeado de montañas y las vías del tren pasaban cerca, al igual que las carreteras. Tenía un pequeño parque de juegos con banquitos al que llamábamos *la plazoleta*, y donde pasábamos las horas sin apenas darnos cuenta, inmersos en nuestros juegos y travesuras, ajenos a los dramas de los primeros noviazgos y enamoramientos de los mayores.

Mi época favorita eran las fiestas del pueblo. Se celebraban en mayo y se organizaban diferentes pruebas, juegos y competiciones, y en una especie de club social construido en las instalaciones de una antigua escuela siempre nos daban galletas y chocolate caliente al finalizar el día.

Urretxu, mi pueblo natal, antiguamente llamado Villarreal de Urrechua, de algo más de seis mil seiscientos habitantes, era en muchos lugares poco más que una calle recta, donde las casas de ladrillo y cemento se alzaban a ambos lados de esta. Desde mi barrio hasta el pueblo circulaba una carretera bastante recta que tenía a un lado las vías del tren, y al otro, una acera para peatones. A un lado de la vía peatonal había lugar para aparcar vehículos, y al otro lado, fábricas de diversa índole. Al ir a la escuela debía pasar por delante de un sinfín de fábricas y empresas.

Siempre fui bastante introvertido, aunque me esforzara en parecer lo contrario. Cuando cumplí siete años, mis padres me dieron permiso para ir caminando solo al colegio. Quizá pensaron que como los demás niños del barrio también tenían que recorrer el mismo camino, incluido mi hermano Eugenio, y ya que siempre había vecinos que iban y venían del pueblo o caminaban para acudir al trabajo o de vuelta a casa después de una jornada laboral, no podría pasarme nada y estaría seguro.

Fue en ese entonces cuando empezaron a aparecer mis «amigos»: unas personas, niños en su mayoría, de luz que me acompañaban y hablaban haciendo que el camino fuera más llevadero y ameno. Es difícil explicar lo que yo sentía al estar en su presencia. Todo se iluminaba, todo cobraba vida y tenía sentido. Aunque yo sabía que no eran como los demás niños, y que las demás personas no podían verlos, no me parecía extraña su presencia y tampoco su visita. Los sentía, les hablaba, los percibía e interactuaba con ellos con total normalidad.

En realidad, no sé muy bien por qué les llamo personas de luz, pues para mí eran personas de carne y hueso que estaban conmigo, aunque sí sentía que su vibración era diferente.

Emanaban amor, pero un amor tan grande e intenso, que no era normal. Un amor y una presencia que todo lo inundaban y todo lo cambiaban.

Sí, no eran como las demás personas; había algo que los distinguía de los demás, pero en realidad no podía decir que fuera algo a lo que yo le diera importancia, que me inquietara o que me hiciera sentir que era un extraño.

Su presencia era real, tangible, nítida y de cuerpo entero. Recuerdo vagamente que, en el primer momento de manifestación, siempre ocurría un gran destello de luz. A veces hasta me dolían los ojos y tenía que cerrarlos o parpadear muy rápido porque esto me molestaba. Salían de aquel destello, como si un espacio se abriera para que ellos cruzaran, y, al hacerlo, aconteciera una gran ráfaga de luz. Solo me ha pasado en esa época. No lo recuerdo con claridad y siento que, si intento darle una forma lógica, voy a cambiar la experiencia intentando darle forma desde la razón.

Lo que sí sé es que siempre eran cinco: un hombre de unos cincuenta años, una señora mayor, dos niños y un perro. Algunas veces se aparecían todos o varios de estos personajes a la vez, pero lo normal es que se presentaran de uno en uno, a excepción de los niños y el perro, que a menudo formaban un solo «combo». Uno de estos niños era una niña llamada Marisol, igual que la niña prodigio de la televisión.

No recuerdo bien si es que ella me dijo ese nombre, o bien yo comencé a llamarla así debido al parecido físico que tenía con la cantante, o al menos eso me pareció, pero para mí era Marisol. A partir de entonces, ya nunca más caminaría solo.

A veces, cuando llegaba la noche y debía regresar caminando, sentía tanto miedo e imaginaba tantas posibles situaciones en mi mente, que echaba a correr con la intención de no parar hasta llegar a casa, pero entonces, aparecía ella: Marisol. Su sola mirada me daba tranquilidad. Caminábamos juntos, bailando y contándonos cosas, o mejor dicho, yo le contaba cosas y ella interactuaba conmigo. Poco a poco empezó a aparecer más y más veces en mi camino. Se hizo asidua compañera, todos los días se presentaba. A veces a la ida, pero sobre todo a la vuelta, en especial a la tarde-noche en invierno, cuando oscurece tan temprano.

He de señalar que ahora puedo darme cuenta, desde el punto de vista del adulto, que era cuando más pensamientos de miedo e incertidumbre nacían en mi mente, que Marisol más se aparecía. Ella venía porque yo sentía miedo, y su labor era acompañarme, seguro que también protegerme, y, sobre todo, hacerme sentir seguro y ayudarme a que tuviera otro tipo de pensamientos e ideas. Eso lo sé ahora, pero en ese entonces no era consciente.

Marisol hablaba conmigo como cualquier otra persona podía hacerlo. Ella me tomaba de la mano y yo la podía sentir. Ella cantaba y yo podía escucharla. Jugábamos a multitud de cosas, pero sobre todo, a actuar y a cantar, cómo no, canciones de Marisol. Algunos vecinos que pasaban en coches les decían luego a mis padres que me habían visto hablar solo y hacer cosas muy extrañas, como tocarme la cara, sujetar algo en el aire o abrazarme a mí mismo. Yo no podía entender por qué ellos pensaban eso de mí. Cuando mis padres me confrontaban o los vecinos me lo comentaban, muchas veces me quedaba impasible, inmóvil, sin saber qué decir. ¿Por qué una persona diría tales mentiras? ¿Por qué una persona puede decir esas cosas de mí? ¿Es que acaso no se dan cuenta de que estaba con mis amigos? ¿Es que acaso no se percatan de que Marisol estaba conmigo? Lo mismo me ocurría con mis padres.

—¡No es verdad! —les decía yo—: Estaba con Marisol.

Ella no era la única que se acercaba. Había más niños y por momentos algún adulto. Estos encuentros no se dieron una sola vez, sino en diversas ocasiones durante los años en los que viví allí. Más tarde me di cuenta de que a veces, cuando alguien se acercaba y caminaba junto a mí, Marisol se marchaba. Alguna que otra vez, se quedaba un rato más porque yo se lo pedía.

—¡Quédate! —le decía.

Pero ella no se quedaba durante mucho tiempo. Llegué a pensar que se enfadaba porque no le hacía caso o porque le hacía poco caso, y que por ello se molestaba. Pronto comprendí que no todo el mundo podía verla.

En ocasiones, cuando alguien se me acercaba y yo intentaba dirigir su atención hacia Marisol, ella ya no estaba. Aquello no me extrañó, no me parecía raro. Simplemente no estaba. No venía y se iba como los demás niños, sino como lo hacía ella. A su modo y estilo. «Ella es así», pensaba.

Comprendí que los demás niños no la veían, que cuando yo intentaba hablar de ella, ellos no sabían a qué me refería, y, sobre todo, que había algo que se marchaba cuando ella dejaba de estar allí. El aire cambiaba. La intensidad del aire aumentaba; ¿será lo que hoy en día llamamos energía? Quizá. Pero lo cierto es que cuando estaba ella, todo se iluminaba, como la luz de su rostro o el destello de sus ojos, y al marcharse algo dejaba aquel lugar diferente, haciéndolo menos agradable.

Me doy cuenta ahora de que me ayudaban a «no pensar» en ciertas cosas que podrían o no suceder en aquel camino y que, quizás, era parte de un «cuerpo de policías» espirituales que me cuidaban y guardaban, pero sobre todo, consolaban. Recuerdo que alguna vez mi hermano me alcanzó por detrás con sus amigos. Cuando estos le instaban a que me uniera a ellos, rehusaba, avergonzado, abochornado por lo que veía y oía, pero en el fondo no me importaba. Era feliz y nada malo me podía ocurrir en su compañía.

Algunos días antes del Día de los Difuntos, de «Todos los Santos», como le llamamos en España, fuimos a visitar a mi familia paterna. Allí vivía su hermana mayor, Rosario, junto con su familia. Todos los domingos se reunían las seis hermanas a jugar a las cartas, y diferentes familiares aparecían a tomar café o hacer una visita, uniéndose o no a la mesa de juego. Podía decirse que era una jornada de puertas abiertas, o más bien, una familia de puertas abiertas, donde todo el mundo era bienvenido, y los domingos los aprovechaban para reunirse.

Solía llegar e ir de inmediato al comedor a ver a mi prima o alguno de mis primos para ir a jugar con ellos. Después de saludar a mis tías, corrí adentro a buscar a mis primos en el comedor. Nos saludamos y hablamos, no recuerdo de qué. Al salir hacia la cocina vi una fotografía apoyada en una mesa junto a una vela de color rojo; era de esas velas que se ponen en los cementerios, que se suelen encender para honrar a los difuntos.

Me quedé mirándola fijamente. No sé cuánto tiempo pasó, no lo recuerdo. Me quedé petrificado y casi en estado hipnótico. Allí estaba Marisol. Una foto de una hermosa niña de ojos verdes y de pelo rubio claro. ¿Por qué? No me extrañó verla, pero sí me extrañó verla allí. Aunque podía contemplarla, no podía sentirla como las otras veces, su cara era diferente. Sí, más clara y nítida en la fotografía, pero... ¿más apagada? Fue una sensación extraña, muy extraña...

Alguien pasó, creo que fue mi tía Rosario, y me preguntó qué hacía allí parado mirando aquella foto. Si quería rezarle y desearle un buen pensamiento.

—¿A Marisol? —pregunté tímidamente, algo extrañado de que mi tía conociese a Marisol.

—No, hijo, no —me dijo con voz dulce—: A María Ángeles.

Me quedé mudo. Mi tía añadió:

—Es tu prima María Ángeles, no es Marisol. ¿A que es guapa? Murió hace varios años arrollada por un tren.

¿Muerta? ¿María Ángeles? Aquellas palabras me producían desconcierto y aturdimiento. No podía comprenderlo. No lo entendía. ¿María Ángeles?

Intenté no mostrarle a nadie cómo aquello me había afectado y continué jugando con mis primos, aunque en mi cabeza siguió retumbando. Cuando nos metimos en el coche para volver a casa, pregunté a mis padres sobre María Ángeles. Deseaba que me contaran que mi tía se había confundido y que no sabía lo que decía, pero en lugar de eso me contaron la siguiente historia.

—María Ángeles murió a finales de julio del año 1981, cuando tenía catorce años; tú tenías tres años. ¿Te acuerdas de ella?

La verdad es que no, pero sí recordaba a Marisol; yo la conocí en mis visiones y así la llamaba. La psicología sostiene que un niño empieza a recordar los hechos que ha vivido a partir de los tres años. En algún lugar de nuestro sistema, estos recuerdos se guardan, pero no de modo consciente. Aquellas personas que dicen recordar estos años pueriles tienen, en realidad, recuerdos reconstruidos a través de lo que les han contado o han escuchado en el entorno.

Llegué a intentar meterme en la cabeza que se trataba de una creación mía, de una especie de invención. Quise convencerme de que, en mi caso, fue también una obra de mi mente o un recuerdo borroso reavivado por la imaginación. Justo cuando empezaba a creer que era así, volví a tener una visita de ella. Fue en una de esas múltiples tardes de juegos en las que yo regresaba solo del colegio. Comencé a sentir aquel frío. No tan intenso, pero igual de familiar que otras veces. Entonces, la vi. La vi a mi lado. Con una amplia sonrisa y aquellos ojos claros mirándome.

—*Mikel* —me dijo.

No tenía voz, pero yo sabía lo que me estaba diciendo.

—*Para ti soy Marisol* —continuó—: *Puedes llamarme como quieras. Los niños estamos en un cielo especial. Aquí también hay juegos y pandillas. Algunos niños nos pueden ver, pero nosotros elegimos quién nos ve. Siempre que me necesites, estaré a tu lado.*

No recuerdo que me hubiera hablado en ninguna otra ocasión, no al menos de una manera fluida, congruente y directa. Me dio a entender que nuestra unión era especial, que nadie más necesitaba comprender, solo nosotros dos, y que había espíritus de niños que cuidaban de otros niños. Comprendí o quise comprender que ella había elegido estar conmigo por afinidad, pero que había otras personas y otros niños de la familia con los que también estaba. Que esta unión era nuestra, y solo nuestra, pero que ella tenía más personas a las que cuidaba.

Pero ¿debía hablarle a la familia de Marisol? ¿Cómo hacerlo si ya sabía quién era? Después de decirme todo aquello, y al descubrir que Marisol era en realidad mi prima María Ángeles, quedé muy perturbado. Me produjo mucha inquietud. ¿Qué pasaría si les contaba lo que yo sabía y no me creían? O peor, ¿y si les hacía daño? Nunca había escuchado a nadie decir nada sobre eso y suponía que era un tema difícil y doloroso.

Decidí que los adultos no tenían por qué saber nada. Que era mejor si nadie sabía que yo ya conocía a María Ángeles, y que aquella niña a la que yo llamaba Marisol, y con la que jugaba y cantaba camino a la escuela, era en realidad mi prima. Pensé que no lo entenderían y tuve miedo. Miedo a hacerles daño, miedo a que no me creyeran y, sobre todo, miedo a que, si lo decía, ella no apareciera nunca más. Por eso, decidí callarme y seguir viviendo esta experiencia para mí mismo, sin importar que pensaran que en realidad hablaba solo. Prefería que creyeran que era un niño muy imaginativo o incluso medio loco, y no arriesgarme a que María Ángeles se sintiera expuesta y perder su compañía para siempre.

CAPÍTULO TRES

MI PRIMER MENSAJE

TENÍA ONCE AÑOS. LO RECUERDO BIEN porque nos mudamos en el verano de 1989, y este hecho que cuento ahora sucedió en otoño de ese mismo año. Había ido de campamento un fin de semana con la escuela. Nos llevaron a ver las cuevas arqueológicas de Santimamiñe, o eso creo, pues tengo lagunas sobre el lugar, aunque no sobre la experiencia allí vivida.

En principio iba a ser un fin de semana normal. Uno de esos donde se mezclan diversión y aprendizaje. La escuela decidió que para «ilustrar» lo estudiado en clase de historia, sería conveniente visitar este lugar y aprender más sobre la calzada romana y los dibujos pictóricos, a la vez que promovía un encuentro de convivencia y juego entre nosotros. Los paseos, la diversión y el esparcimiento se entremezclaban con las lecciones, las risas y las trifulcas normales entre alumnos y, a veces, entre alumnos y profesores.

Nos hospedamos en un hotel situado en medio de la naturaleza y a un paso de donde necesitábamos estar. Recuerdo que era un gran caserón construido con grandes piedras, muros anchos y tejado de pizarra con duchas y baños comunes, área de recepción y un gran comedor diáfano en el piso de abajo, y, un piso más arriba, varias salas grandes donde dormíamos uno al lado del otro.

Habían pasado casi dos días y una noche, y, hasta ese momento, todo había transcurrido con total normalidad y yo estaba disfrutando del viaje. Era la última noche antes del regreso. Estaba dormido dentro de mi saco sobre una especie de colchoneta en el suelo. A mi derecha tenía a mi mejor amigo, Tomás, y a la izquierda, a Álex. Todos dormíamos tumbados a escasos centímetros el uno del otro. Había sido un día de mucha actividad física, por lo que no tardé en dormirme. Nada podía presagiar que aquella última noche sería diferente para mí.

El reloj marcaba las seis y veinte de la mañana. El desayuno era a las ocho, por lo que no tenía ninguna prisa en despertarme. La sala y el edificio entero se encontraban en total y absoluto silencio, en semioscuridad. Las primeras luces del día podían percibirse a través de aquellos grandes ventanales.

Todos mis compañeros dormían, solo podían escucharse los animales del exterior y el sonido de la chimenea cuando el fuego chisporroteaba. El ambiente era de total tranquilidad. Fue en ese momento cuando empecé a sentir un frío intenso que me invadió. Tan intenso, que me despertó. Aquel frío era diferente. No era el tipo de frío que te hace castañear los dientes. No era ese frío que no te deja dormir y que calmas cubriéndote hasta la altura de la barbilla mientras tu aliento genera vaho y piensas lo a gusto que estás dentro del saco o bajo las mantas. Era una sensación muy diferente. La sala estaba caliente, nadie más podía sentirlo. Pero yo sí podía.

Tuve la sensación de que podía moverse, que poco a poco iba acercándose a mí y elevándose, primero tocando mis pies, después mis piernas, y luego, despacio, acariciando mi barriga, pecho, espalda, elevándose poco a poco hasta rodear todo mi cuerpo. Lo sentía dentro y a mi alrededor. Tuve la impresión de que ese frío, esa especie de criogenización que en un instante rodeó todo mi cuerpo y mi ser, sintiéndolo en todas partes, tenía conciencia.

Sentí que aquel frío en realidad tenía la intención de despertarme, como si yo fuera en verdad el receptor de su fuerza, y que estaba intentando dirigirse a mí en particular, como si lo atrajera o como si solo le interesara yo y nadie más.

Me incorporé y miré a los pies de mi saco sin salir de él. Algo extraño se estaba plasmando a mis pies: una especie de nube blanca que contenía espesor, textura, color, y emanaba una tenue luz blanca. Poco a poco esa especie de nebulosa uniforme fue creciendo y cogiendo forma, hasta que se convirtió en la figura completa de un hombre. De los pies hasta la cabeza, adquirió la figura de una persona a la que yo conocía bien; era Manolo. No era una figura que se le asemejara, o que se pareciera a Manolo, sino que se convirtió literalmente en él.

Manolo era el marido de una prima de mi padre al que conocía bien. Eran vecinos nuestros antes de mudarnos.

Vivían en el bloque de al lado y muchísimas tardes merendaba con ellos, comía en su casa o pasaba las tardes acompañando a la madre de Manolo, a la que con cariño llamábamos «Amama», viendo la televisión mientras me traían galletas o cualquier otra chuchería. Siempre fue una relación muy estrecha entre su familia y la nuestra, por lo que, al verle allí delante, parado en frente de mí, no me dio miedo. Podía sentir todo lo que él quería transmitirme, pero sin ningún miedo ni intranquilidad.

> Debo confesar que sentí mucha extrañeza, pues era la primera vez que me pasaba algo así, pero constantemente una sensación de paz, sosiego y tranquilidad que provenía de él me inundaba.

Al darme cuenta de que ninguno de mis compañeros se había despertado, decidí preguntarle qué hacía allí, por qué había venido, pero antes de hacerlo, él ya sabía mi pregunta y me contestó. No lo hizo con la voz, ni con telepatía. Fue algo muy diferente e instantáneo. Se comunicó a través de emociones, pensamientos y sensaciones que, de repente, sin saber ni siquiera cómo, los entendía y sabía lo que querían decir.

Entonces lo escuché muy nítido y claro en mi mente. Muchísimo más alto, claro y limpio de lo que yo jamás había oído ninguna palabra. Lo escuché muy adentro de mí. Me pidió que prestara mucha atención pues había algo importante que iba a decirme.

—*Mañana me moriré.*

Y desapareció en la nada con la sensación de frío y la nebulosa que envolvía su figura. Miré el reloj, pensando que quizás habría pasado mucho tiempo y descubrí que en realidad solo habían pasado dos minutos. Me quedé perplejo. Aunque desde que puedo recordar había visto y sentido espíritus, esta materialización había sido distinta. Nunca había tenido una experiencia así, diferente a todas por su nitidez y forma de presentarse, su intensidad e impacto, pero, además, llena de emoción y sensaciones. Me acosté de nuevo y seguí durmiendo hasta que los ruidos y voces de mis compañeros levantándose al baño y preparándose para desayunar me despertaron.

En lo primero que pensé fue en Manolo y si aquella experiencia había sido real, si en verdad ese mensaje podía ser cierto.

Quería pensar que era un sueño, convencerme a mí mismo de que nunca me había despertado, de que aquella experiencia no había ocurrido, pero las sensaciones de mi cuerpo me decían lo contrario.

Una fuerte inquietud y el deseo de regresar a casa permanecían en mi interior y cada minuto que pasaba cobraban más fuerza. Apenas pude hablar con mis compañeros durante el desayuno. ¿Qué pasaría si descubrían lo que había ocurrido? «Mikel está triste», decían. «Mikel está muy apagado hoy.» «Algo le pasa», susurraban entre ellos. Alguna profesora se acercó a preguntarme por qué mi alegría y desparpajo habituales no se mostraban ese día. En un intento de tranquilizarles y para que dejaran de pensar que había ocurrido algo malo, les dije que echaba de menos a mis padres y a mi familia. No era que estuviera triste, simplemente no me apetecía hablar con nadie, y la interacción con los demás me suponía un gran esfuerzo. Solo podía pensar en aquella extraña aparición y en Manolo.

Desde hacía varios años Manolo había estado ingresado en el hospital varias veces, aquejado de algo que años después supe que era cáncer de próstata. Por supuesto que lo echaría de menos, y que iba a ser duro, pero eso no me inquietaba. Tampoco pensé en ningún momento, al menos de manera consciente, que aquella enfermedad que lo obligaba a ingresar en el hospital de vez en cuando fuera algo anormal o temible. Además, cuando me dio el mensaje me inundó de tanta paz, luz y amor, y al comunicarse despedía tantísimo bienestar, que yo sabía, sin que nadie me lo dijera, que iba a estar en un mundo mejor, en un mundo de bienestar y amor incondicional pues eso era lo que rezumaba.

Manolo iba a morir al día siguiente y me había elegido para que yo lo contara, pero ¿por qué? ¿Había algo que yo o mi familia pudiéramos hacer para ayudarle? Cada vez que pensaba en Manolo, una imparable sensación interna gritaba en mis adentros. *¡Díselo! ¡Díselo! ¡Díselo a todos!*

El resto del día y de vuelta a casa en el autobús no hablé mucho, estuve callado. Mi mente no dejaba de pensar en él; la sensación de querer decirle a todo el mundo el mensaje de Manolo crecía más según pasaban las horas, y más aún según nos acercábamos a casa. Intenté disimular y actuar como si nada hubiera ocurrido, pero la sensación crecía y crecía dentro de mí. Muchísimas luces, imágenes y visiones aparecían en mi mente cargadas de emociones. Parecía que estaba mirando a través de unos prismáticos que una mano movía con rapidez de lado a lado, pudiendo ver solo pequeños retazos de las imágenes.

En el viaje de vuelta en el autobús, este sentimiento crecía en mi interior sin tregua. La sensación de querer contar esto a toda la familia iba en aumento y me urgía preguntar por él. Mis padres habían ido a esperar el autobús para recogerme, después probablemente alguna profesora les habría alertado de que echaba de menos a mi familia, aunque en realidad era otra cosa. Me recibieron con entusiasmo, grandes abrazos y besos.

Fuimos a casa sin demora; en realidad ni siquiera recuerdo si me despedí de mis amigos. Tenía prisa por volver. Nada más entrar en casa por fin salió. Por fin lo dije y pregunté por él, pregunté cómo se encontraba Manolo. Era una sensación intensa que me impedía guardarlo durante más tiempo para mí y seguía escuchando: ¡Díselo! ¡Díselo! Pregunté primero a mi madre cómo se encontraba, si se sabía algo de él. Mi madre me contestó:

—Está en casa y le han dado el alta, así que me imagino que estará bien.

En ese momento una irrefrenable sensación en mis adentros explotó y se lo dije:

—Mañana morirá.

No obstante, la sensación no se calmó cuando se lo dije a mi madre. Seguía teniendo la sensación que me urgía a contarlo y continuaba escuchando su voz repitiendo: ¡Díselo! Uno por uno fui a mi padre, mi hermana y mis dos hermanos y a cada uno le dije que mañana Manolo iba a morir. Nadie me prestó mucha atención, no creo ni siquiera que le hubieran dado crédito alguno, pero yo necesitaba sacarlo de mi interior, no podía retenerlo más. Al llegar a casa, esa sensación se hizo tan fuerte, que sentía que, si lo retenía más, iba a enfermar. Al contárselo al último de mis tres hermanos, la sensación desapareció y pude volver a mi rutina cotidiana.

El día siguiente transcurrió con normalidad. Sonó el despertador a las siete y quince de la mañana, desayuné y fui a clase, me reuní con mis amigos y hablamos de muchas cosas, incluido el viaje. A ninguno de ellos le conté lo sucedido. A nadie, excepto a mi familia más directa. Algo extraordinariamente fuerte me hizo decírselo a los de casa, y una vez que lo hice, la sensación desapareció.

Al regresar a casa para comer, me encontré con una escena extraña. Mi padre se estaba preparando para ir a trabajar y mi madre estaba sentada en la mesa de la cocina con cara seria y semblante triste.

—Siéntate —me dijo.

—¿Qué pasa? ¿Sucede algo?

Se me ocurrió entonces por un instante que aquel mensaje, mi primer mensaje, hubiera podido haberse hecho realidad.

Mi madre me contó que esa misma mañana, hacia las diez y media, había llamado el hijo de Manolo para notificar que había muerto. Entré en pánico, no sabía qué hacer ni cómo actuar. ¿Por qué? ¿Por qué? ¿Por qué? No podía dejar de decirlo, ni de repetirlo. Una gran sensación de culpa me invadió. Corrí a la habitación y, llorando, me escondí donde siempre me refugiaba cuando quería huir del mundo, debajo de la cama. Si no lo hubiera dicho, jamás habría ocurrido. Era lo que yo pensaba y entre gritos y sollozos trataba de comunicar. Pese a que lo intentaron, mis padres no supieron qué hacer ni cómo actuar para poder liberarme de este dolor y consolarme. En un intento de protegerme, y debido a mi grado de afectación, decidieron no llevarme al funeral.

En ese momento, tras aquel primer mensaje de horribles consecuencias, decidí que me alejaría de aquello, que no quería que me volviera a pasar nunca más. Motivado por la culpa y el remordimiento, me encomendé a Dios, al ángel de la guarda y a mi patrón san Miguel

Arcángel. Les pedí que, si algún día un espíritu quería volver a decirme algo así, por favor me protegieran y lo impidieran. Que nunca más quería volver a sentir algo así. Como me imagino que ya habréis podido concluir, y pese a mis esfuerzos, nunca conseguí alejarme del mundo de los espíritus. Y este es un don que sigue presente, cada vez con mayor intensidad, hasta el día de hoy.

Capítulo cuatro

EL ESPACIO VACÍO

CAMBIÉ DE COLEGIO A LOS CATORCE AÑOS. Dejé mi escuela de siempre y pasé al instituto, a la tierra de los mayores. Atrás quedó el colegio en el que había permanecido desde preescolar, desde los tres años, y me dirigía a un mundo de mayores, de nuevas aventuras y esperanzas y sueños renovados. La gente sería más o menos la misma. Este desplazamiento ocurriría en el mismo pueblo, y no es un pueblo muy grande, pocas cosas podían cambiar, pero estaba nervioso. Supongo que algo normal a esa edad y ante un giro tan importante como ese. Me equivoqué. Cambiaron, sí que cambiaron. Más de lo que me imaginaba y más de lo que yo fui capaz de percibir.

El primer día de clase, aquel nudo en el estómago permaneció constante durante todo el tiempo, como si fuera un presagio de lo que estaba por venir. No puedo decir que mis compañeros y profesores se portaran mal conmigo, no fue así. Decir lo contrario sería mentir. Sin embargo, en el instituto, aun con la misma gente, reinaban reglas diferentes. Reglas que, aun cuando no eres consciente, mandan en ese nuevo ambiente. Jerarquías, pactos, horarios y jergas, que, como a todos, a mí también me pillaron desprevenido. Pero aquí muchas personas no me conocían. Había perdido ese arropamiento, esa protección que había mantenido con la gente de siempre.

Recuerdo que en mis años anteriores, cuando veía que alguien iba a repetir curso, entraba en pánico y el miedo se apoderaba de mí, solo con pensar que aquello pudiera pasarme a mí. Me esforzaba con las notas, y me aterraba la idea de separarme de ese entorno acogedor y de protección en el que me encontraba. Aquella era «mi gente». Sabían que Mikel era algo distinto y estaba bien, porque eso es lo que Mikel hacía, eso es lo que conocían de mí y no les extrañaba.

Ahora, aquello que siempre me aterró estaba delante de mí, me estaba ocurriendo. Tenía que enfrentarme a un nuevo lugar, nuevas situaciones y personas, nuevo orden de factores, que, aunque dicen que el orden de los factores no altera el producto final, no lo viví así. Dicho miedo se disipó a las pocas horas de haber estado en clase.

Había cosas distintas, personas nuevas, pero en general, todo seguía igual. Nada cambiaría. Volvía a equivocarme. Fue un cúmulo de cosas lo que me hizo ser como los demás, o, mejor dicho, intentar serlo. Ese fue uno de los puntos de inflexión por los que intenté alejarme de los dones, ser como los demás.

En mi pueblo no existía la posibilidad de seguir con mis estudios; para todos aquellos que estábamos en esta rama, debíamos cambiar a otro instituto en alguno de los pueblos vecinos. En mi caso, junto con otros cuatro compañeros más, decidí ir al instituto de Legazpi, un pueblo vecino, a escasos cinco kilómetros, muy cerca de donde me crié.

Pensaba que no podía ser tan diferente de mi casa, de mi hogar, de mi pueblo. Error. El primer día de clase, lo recuerdo bien, los chicos (no las chicas) separaron sus pupitres de aquellos que acabábamos de llegar dejando dos metros entre ellos y nosotros. Querían, me imagino, aislarnos y hacernos saber que no éramos bienvenidos allá. También, me imagino, querrían hacernos saber que no éramos parte del grupo, no del de ellos. No eran solo compañeros de clase, eran también pandilla.

No voy a mentir. No fue fácil. Me costó adaptarme. Estaba acostumbrado a permanecer en un segundo plano, a ser el graciosillo, el chistoso, el simpático de clase y el que mayormente cae bien. Aunque a veces llamara la atención, no pasaba nada, ese era yo y siempre tenía a alguien con quien contar, en quien confiar. Aquí fue distinto. No estaba acostumbrado a tener que defenderme, ni a que tuviera que estar en constante actitud de protección. Ellos ya tenían sus normas y sus rutinas. Su orden jerárquico, y en él, yo no tenía lugar alguno. Al menos me consolaba el hecho de no estar solo yo. Algunas de las personas que conocía bien de toda mi vida estaban conmigo en clase, hacíamos el trayecto a casa juntos y era un alivio. Un oasis, mejor dicho.

Quería integrarme y para ello tenía que buscar algo en lo que pudiera destacar, algo por lo que me admiraran y quisieran sentarse junto a mí en el recreo. Nunca había sido un gran jugador de futbol, ni protagonista en ningún deporte; no tenía sentido intentar serlo ahora... Si quería integrarme, si quería ser como ellos, debía buscar otra manera de hacerlo.

Había otra pasión que siempre me ha acompañado y que en mi familia constituye una tradición: el teatro. Al poco tiempo de cambiar de instituto, descubrí que se había formado un grupo de actuación. No dudé en participar, con la enorme suerte de encontrar gente maravillosa.

Mi otra pasión era mi intuición, ese don que me llevaba a percibir y a ver más allá, pero ¿cómo decirlo? Estas personas no me conocían y no estaban abiertas a escuchar... ¿Qué pasaría si lo hiciera? No podía soportar pensar en las posibles consecuencias y multitud de posibles desenlaces que en mi mente se divisaban cuando pensaba en ello. Si no podía ser como los demás, ¿cuál era el objetivo de tener esos dones? No podía permitir que siguieran «vivos». Tendría que aprender a apagarlos y a actuar como si no viera nada.

Me costaba mucho estar en clase y ver que, de repente, detrás del profesor aparecía un destello de luz.

—¡Lizarralde! ¿Me estás escuchando?

Es una frase que he oído muy a menudo durante toda mi vida. Las visiones que percibía me obligaban a distraerme. A veces observaba colores que salían de la cabeza de las personas, luces que les atravesaban. Me pasaba con todo el mundo. A veces salían de mi boca palabras (nombres, seudónimos o partes entrecortadas de frases con mayor sentido) que yo no era ni siquiera consciente de haber dicho. «Pero ¿qué dices?», me indicaban los que estaban a mi alrededor. Una pregunta que también me han repetido mucho a lo largo de mi vida. Después, con los años, comprendí que aquello podía ser descifrado y que tenía significado. Un significado que me llevaría muchos años comprender, al menos del todo. Un significado que cambiaba toda la percepción. Pero, si no podía controlarlos, no podía permitir que mis dones siguieran activos. Tenía que ser como los demás, tenía que ser «normal». Otras veces, escuchaba susurros, o sentía caricias en el pelo o en mi cara.

Todo aquello me dificultaba la concentración. Podía pasarme días sin tener ninguna experiencia de este tipo, y, de repente, en un solo día, tener decenas de ellas. Además, todo hay que decirlo, yo no era un niño, ni un joven tranquilo. Siempre fui bastante inquieto y distraído, o al menos eso es lo que los profesores decían.

En algunas ocasiones, cuando percibía una presencia, entraba en una especie de espacio vacío, donde no sabía ni cuánto tiempo había pasado, ni si había dicho algo o no. En aquella época no existían tarots ni libros esotéricos al alcance de todo el mundo. No había internet y no había medios como ahora, menos aún en un pueblo como el mío. Me las ingenié para ir a la biblioteca municipal, donde, camuflado de trabajo para la escuela, conseguí que me prestaran varios libros relacionados con estas temáticas. Durante varias semanas estuve allí cada tarde. Yo creo que mis padres pensarían que iba a sacar matrícula de honor... No obstante, no estaba estudiando lo que ellos pensaban, sino opciones que me permitieran canalizar la intuición.

En alguno de esos libros encontré un par de tiradas de cartas. Una general y una para adivinar el amor. Curiosamente, con el paso de los años, he olvidado ambas tiradas, y, por más que me he empeñado en encontrarlas y recordarlas, no he podido hacerlo. Hallé también información relacionada con la meditación y prácticas de concentración, con la adivinación y el control mental. Me sirvieron mucho, pero yo lo que en ese momento quería era utilizar el tarot. Lo buscaba con desesperación. Como quien tiene un caballo salvaje y busca domarlo para dar paseos agradables, yo buscaba poder domar mis dones y extraer algo de sentido a todo lo que me estaba ocurriendo. En especial, no llamar la atención y poder funcionar con naturalidad.

A veces, al acostarme, pedía a Dios ser normal. ¿Para qué servían unos dones que no podías controlar? Deseaba no ver, sentir, ni escuchar las cosas que hacía. «Si pudiera canalizarlos para ayudar a la gente...», pensaba. Pero enseguida el «nadie me creería» le seguía en mi mente. Era mejor ser normal, no llamar la atención, pasar desapercibido. En realidad, leer el tarot a esa edad no es que fuera una cosa muy común que digamos, pero supongo que me convencí a mí mismo de que sería una ventaja. Al final no sé qué fue peor, el remedio o la enfermedad.

En este nuevo instituto no me había pasado nada en verdad llamativo, quizá yo no lo permitía o quizá desde el otro lado me estaban dando un descanso mientras me habituaba a este nuevo lugar.

Pensé que leer las cartas podría ser una manera de abrirme camino. Por aquel entonces empecé a practicar con el tarot. Año, o año y medio atrás, había estudiado y experimentado la baraja española. Me enseñaron a leerla y descubrí, en mi propia familia, que era algo con lo que la gente se podía sentir más cómoda, estaban más familiarizados y no les molestaba, ni les daba miedo.

Pensé que ese podría ser mi camino, quizá con las cartas podría camuflar mi don y disfrazarlo de videncia. No eran cartas especiales, eran simples cartas de juego de mesa. Aquellas con las que jugábamos en las tardes o en los días de Navidad todos juntos.

Observé que las personas tenían mejor aceptación de esta «opción». Comencé a utilizarlas en la familia, con los más cercanos, y también con los amigos. Aprendí una tirada que era para predecir el amor. Como ya os habréis podido imaginar, con dieciséis años, todo el mundo quiere saber cómo le iría en el amor. Aquello tuvo mucho éxito. Más de lo que yo me imaginaba. Empezó como un juego, sin ninguna intención de nada.

Los domingos, en una de esas tardes de sobremesa en el caserío natal de mi madre, alguien comentó: «¡Me parece que Mikel sabe leer las cartas!». Cualquier día de domingo nos juntábamos unas dieciocho o veinte personas allí, y si había celebración (que eran muchos los cumpleaños, aniversarios de boda y demás) podríamos ser quizás el doble.

Sinceramente, no sé quién lo dijo, pero allí me vi. En la mesa de los mayores (como la solía llamar), donde comían las personas más adultas de la familia, sentado con mis cartas en la mano. Había un cierto revuelo frente a mí. Se mezclaban la curiosidad, la incredulidad, el miedo y la incertidumbre. Nadie quería, pero muchos deseaban «ser leídos». «Espero que no me aparezca ningún espíritu», pensaba. Entre juegos, risas, comentarios de todo tipo y bromas de mis primos, mi tía María Esperanza exclamó con una sonrisa:

—¡Ay! ¡Pues yo sí quiero que me las lea!

Su marido, mi tío, estaba desempleado y deseaba saber cómo le iban a ir las cosas, si pronto encontraría trabajo, así que añadió:

—Esta puede ser una herramienta muy útil, ¿por qué no?

Así que mi tía se sentó en la mesa en frente de mí mirando a los demás e incitándoles a que hicieran lo mismo. En la sesión estaba muy nerviosa. Toda la familia estaba a mi alrededor mirando qué decía y hacía. Me temblaban las manos, y mi voz, casi no se escuchaba. «Si sigo así no podré hacerlo bien», pensé y confiando en la conexión espiritual, me dejé llevar y permití que la información surgiera a través de mí y de las cartas. Recuerdo que algo le dije de su padre (que entonces vivía), algo sobre su salud, y de repente, un chorro de palabras empezó a salir de mi boca. No sabía ni lo que estaba diciendo. ¿Sería canalización? No lo sé. Mientras lo decía tenía la sensación de que eso ya lo había dicho y que esa situación ya la había vivido anteriormente, como un *déjà vu*.

No recuerdo los datos específicos de aquella consulta, pero sé que mi tía salió muy impresionada. Mientras le daba la información, su cara iba cambiando de intensidad. Sus rasgos intentaban permanecer neutros, ya que había muchas personas mirando, pero sabía que le había llegado al corazón. Yo miraba las cartas, pero no las veía. Al observarlas, algo se activó en mí, y comencé a percibir una especie de película en 3D. Veía imágenes que estaban entre mi tía y yo, algunas detrás de ella, percibía fechas, números y colores encima de su cabeza, y en mi cuerpo sentía toda clase de emociones que al expresarlas describían las emociones de las personas implicadas en el asunto que se estaba tratando.

Tal fue el detalle de aquella consulta, tales los datos y fechas certeras, que, a partir de ahí, mi tía siempre dijo que nunca más volvería a echarse las cartas, al menos no conmigo. Que aquello que le dije aquel día, aquello que fue como un juego e incluso hasta una broma, fue muy impactante para ella, por la veracidad de los hechos acontecidos en los meses posteriores a aquel evento. Le cogió miedo. Se asustó. Y aunque la información fue real, nunca más quiso ser consultada por «miedo» o «respeto» a lo que le pudiera decir. Creo que algo en lo más profundo de su ser cambió aquel día.

Lo que sí recuerdo es algo que hacia el final de la sesión dije. Cuando estaba recogiendo las cartas para amontonarlas nuevamente, y mientras mis familiares, ahora sí jocosos y alegres, discutían entre ellos para ver quién iba a sentarse para ser leído, de repente, comencé a ver algo en mi mente. Ocurría en mi interior, pero se extendía hacia fuera. Fue como si entrara en un espacio de no tiempo, donde todo se paró y donde una nueva realidad se abrió ante mí. Una realidad tan intensa, que el resto de lo que ocurría a mi alrededor quedaba como difuminado, en un segundo plano. Entonces lo sentí. Otra vez aquel frío intenso me invadió. Me sobrevino el frío como si de una nube se tratara. Se repetía una clase de frío intenso que inundaba todo mi ser. Y aunque era diferente, no me era del todo extraño. Lo había vivido antes.

—Fuego —dije—: Va a haber fuego.

Alguien en la multitud exclamó:

—¡Que no oigo!

Casi como si no quisiera que nadie me escuchara dije:

—Alguien aquí va a tener fuego en su casa.

—Pero ¿qué dices? —dijo uno de los presentes.

Mi tía María Esperanza preguntó si ese mensaje era aplicable a ella.

—No —respondí con contundencia—. Se trata de otra persona.

Un tiempo después, un familiar que no se encontraba ese día sufrió un incendio y se le quemó la casa entera estando toda su familia dentro. Salvaron sus vidas de milagro, pero toda la casa se perdió. Aquello me trastocó mucho. Si veo algo, si soy capaz de percibir algo, ¿por qué no fui capaz de evitarlo? Necesitaba ser uno más, y ya está. Si alguien no sabía ni siquiera mi nombre, mejor que mejor. Necesitaba ser yo. Eso es lo que mi mente decía. Sin embargo, en el interior de mi alma, en el fondo de mi corazón, yo sabía que no sería posible, y sabía en mi corazón que ese era yo, que no sería tan fácil alejarme de ello. «No es lo que hago, es lo que soy», pensaba. Que uno no puede escaparse de quien uno es en la vida. Pero ¿para qué servía ese don? Yo quería ayudar a la gente, pero ¿cómo?

También sentía en mi corazón que uno de estos días, con suerte no un día muy lejano, podría explicar a alguien lo que yo sentía y cómo percibía «el otro mundo». Incluso mi familia lo aceptaría. Ese era mi deseo. Sin saberlo, mi interior sentía algo que fue premonitoriamente cierto pocos años después.

Pensaba que lo había logrado, que pasaba desapercibido, o al menos todo lo desapercibido que podía ser, pero me equivoqué de nuevo. En realidad, lo hubiera conseguido si no hubiera cometido un error. Así lo viví, como un error. Mirando atrás, pienso que en realidad fue una gran bendición. Una señal que el universo me estaba enviando, que aquello era mi camino, mi destino, mi cometido.

Unos días después de la lectura que le hice a mi tía, escuché por azar una conversación de una compañera de clase. La llamaré Mireia. Mireia estaba sentada en el pupitre, llorando como una magdalena cuando entramos a clase después del receso. Un par de amigas se le habían acercado a preguntarle qué le pasaba. Por los sollozos intensos, estaba claro que no estaba bien. Dudé, pero al final decidí acercarme y le pregunté:

—¿Podemos ayudarte, Mireia?

En el breve tiempo que tuvimos antes de que llegara el profesor, nos contó que había tenido un problema con su novio de hace dos años. Su primera y hasta entonces la única pareja. Las cosas no estaban bien. Él era cinco años mayor que ella y el noviazgo había ido bastante bien hasta entonces, las familias se conocían y los domingos comían juntos en casa de ella. Pero ahora, él sentía que necesitaban dar un paso más en lo que a relaciones íntimas se refiere, y ella no estaba segura. No se sentía preparada y pensaba que, si le negaba sus deseos, si decía que no, lo iba a perder. Más adelante lo conocí en persona, y era obvio que él iría a la Luna por ella y que jamás haría algo que le produjera ningún perjuicio, mucho menos aún dejarla, pero ella entonces temía que eso pudiera ocurrir.

No sé qué es lo que pasó por mi cabeza; No lo pensé. Seguro que si me hubiera parado a pensar no lo hubiera hecho. El profesor entró en clase, las chicas se habían marchado a sentarse cada una en su silla.

—¡Lizarralde! —me dijo el profesor—: ¿No sabe cuál es su pupitre?

Entonces, le susurré a Mireia:

—¿Quieres que te eche las cartas para ver qué pasará?

Mireia dejó de tener la mirada clavada en el pupitre, levantó la cabeza y me miró con cierta extrañeza, pero con ilusión en sus ojos.

—Pero... —tartamudeó—: ¿Tú?

Las palabras no le salían. Tragó saliva, se pasó la mano por la boca como quien se está limpiando y me preguntó:

—¿Tú sabes echar las cartas?

—¡Lizarralde! —volvió a gritar el profesor.

Le dije que sí, que después hablaríamos y me senté en mi pupitre.

No podía quitarme a Mireia de la cabeza, todo el rato pensé en cómo ayudarla. Ni siquiera podía imaginarme lo que pasaría después. Al terminar la clase, hablamos, le expliqué que conocía una tirada que era específica para el amor y que eso podría orientarla un poco. Quedamos que al día siguiente le leería las cartas durante el descanso. Y así fue. Mireia se acercó con las dos amigas del día anterior y me pidió que le leyera las cartas. Enseguida se sentó con ilusión y esperanza dibujadas en su rostro. Cada una de las amigas se sentó a cada lado de ella, con cierta desconfianza, pero también curiosidad.

Le entregué las cartas a Mireia y le pedí que las mezclará pensando en él. Mientras lo hacía, diferentes imágenes bailaban en mi mente: una bicicleta, ciclistas en un pelotón, unos ojos verdes, rasgos de personalidad que aparecían reflejados en forma de caracteres de otras personas que yo conocía. No entendía nada. Tienes que concentrarte en ella y su problema, pensaba, mientras intentaba eliminar esos pensamientos, pero no podía conseguirlo.

Me dio las catorce cartas que le pedí. Empecé a leerlas, mientras le comentaba situaciones relacionadas con su relación, cómo comenzó, los altos y bajos que habían pasado en estos dos años, etcétera. Cuando me fijé en la parte del éxito, en la parte que realmente nos interesaba, la que nos diría si esa relación tendría futuro y cómo evolucionaría, de nuevo empecé a sentir aquel frío. No recuerdo qué cartas tenía, pero sí sé que eran hermosas. Nada más comenzar a hablar de ella, sentí como si Mireia se empezara a alejar lentamente de mí. Las imágenes que antes había percibido volvieron.

Al comentarle lo que veía, me dijo que estaba describiéndole a su novio. Los ojos eran exactamente los de él, las características personales que yo describía, aquellas que vi antes como personajes de mi familia, eran características importantes de su persona. Entonces le dije:

—Veo una bicicleta y un pelotón de muchos ciclistas.

—¡Ay, Mikel! ¡No me asustes! —respondió ella—: ¡Él es ciclista profesional!

Me sonreí. Comenzaba a comprender que aquello que se me aparecía mientras ella barajaba las cartas, eran en realidad partes importantes de la relación y de las personalidades de cada uno. Esta vez tuve más control. No ocurrió igual que en la lectura de mi tía. Pude ser más consciente.

Entonces, una especie de película apareció ante mí, donde veía a Mireia agarrada de la mano de su novio. Observé que, tanto de él como de ella, emanaban llamas de colores rosas y violetas. Comprendí que los colores me estaban hablando de las emociones y los sentimientos de la pareja. Ambos se querían, y ese amor tan dichoso los unía. Observé de pronto que un largo camino que se adentraba en el horizonte se abría ante ellos. Al final del camino pude vislumbrar a una anciana que, aunque no lo sabía con certeza, pude sentir que era su abuela. Sin saber cómo, yo sabía que aquel camino representaba el tiempo futuro y la continuidad de la pareja. Al enfocarme en la abuela, su imagen se hizo más grande, como quien hace *zoom* en una fotografía y escuché una voz que me decía:

—*Puedes estar tranquila, ¡él no te va a dejar!*

Se lo dije, al igual que le comenté que tenían un largo camino por recorrer juntos. Al terminar la sesión, sentí mucho frío. Un frío que me era familiar, pues en contadas e importantes ocasiones durante mi infancia lo había sentido. También en la sesión con mi tía. Parecía que cuando me conectaba a «algo», cuando me adentraba en el mundo de los espíritus, a veces, percibía ese frío. Un frío que nadie más podía sentir y que a menudo me impedía seguir adelante con la actividad que estaba realizando en ese momento.

Mireia quedó bastante tranquila. Lloró mucho, pero esta vez de gozo y alegría. Me dio un abrazo fuerte mientras jaleaba:

—Gracias, Mikel. Muchísimas gracias, de verdad.

Fue en ese momento cuando todo comenzó, y por lo que yo comentaba anteriormente que había cometido un error: llevar las cartas al instituto, y, además, con la tirada sobre el amor. Las otras dos amigas también me pidieron que les echara las cartas. Una tenía una pareja desde hacía un mes, y la otra quería saber si algún día tendría pareja, pues todas sus amigas tenían y ella no.

El proceso fue similar al anterior. Mientras mezclaban las cartas, había olores, colores, sensaciones, imágenes y sentimientos que se entremezclaban. No sabía qué era real y qué no. A veces, escuchaba nombres o direcciones para la persona. ¿Cómo? Les preguntaba yo con cautela. No sabía si es que habían dicho algo o era solo en mi cabeza. ¿Habéis oído eso? Otras veces lo comentaba, pero me fui dando cuenta de que eran mensajes para mí. Mensajes que nadie más podía escuchar y que eran una guía o clave para mí sobre la temática que se estaba tratando en ese momento.

Pero no acabó ahí. Al día siguiente, cuando sonó la sirena que anunciaba el descanso y empezó el receso, cuatro o cinco personas se acercaron a mí para que les leyera las cartas. Me quedé sorprendido. Habían hablado entre ellos y tenían curiosidad por saber cómo les iría en el amor. Me habían recomendado y habían hablado muy bien de las consultas realizadas.

—Lo siento —les dije—: No he traído las cartas.

Pero pese a mi negativa, alguien había pensado en ello y se había presentado con la baraja. Agarró la mochila que llevaba en la espalda, la posó sobre uno de los pupitres, metió la mano y dijo mostrándomelas:

—¡Mira! ¿Te sirven estas?

Como en realidad no eran más que cartas de juego normales, les dije que sí y comenzamos las consultas.

Aquello siguió pasando, y continuó creciendo el número de personas que querían consultar. En muchas ocasiones, había personas haciendo cola en la puerta de clase. Empezaron a aparecer estudiantes de otras clases además de la mía, otras de otros cursos, incluso de otros institutos. Además, la voz se corrió tanto, que también un par de profesores me consultaron. Y yo, que pensaba que podría pasar desapercibido, ahora era más popular de lo que quisiera ser.

Entre las cartas y las actuaciones de teatro, el sueño de que nadie supiera quién era se derrumbó. Sin embargo, yo no lo tomé a mal.

Sentía que estaba haciendo lo que debía hacer.
Lo que Dios y el universo tenían planeado para mí.
Siempre quise ayudar a la gente y, ciertamente,
lo estaba logrando.

Además, de aquella manera nadie sabría que era médium; la información venía de las cartas. Para bien y para mal, ellas eran las que hablaban, no yo. Las cartas eran mi escudo.

Entonces pasó. La profesora de Historia me anunció que el director del centro quería verme. No imaginaba lo que venía.

Cuando fui a su despacho, con una expresión muy seria, me preguntó:

—¿Qué está pasando? ¿Te has montado un negocio en el colegio?

El hombre pensaba que yo estaba haciendo consultas para lucrarme de ello. Le dije que no, que yo nunca había querido hacerlo, que había surgido por un problema que había tenido Mireia y que lo único que en todo momento había querido era ayudar a los demás. Pero no me creyó. Me dijo que tenía que dejar de leer las cartas de inmediato, y que, si volvía a hacerlo, me expulsarían. ¿Yo? ¿Expulsado por leerles las cartas a compañeros en el descanso entre clase y clase? Su advertencia era muy seria. Estaba claro. Tenía que dejar las cartas. Pero, por la manera que todo sucedió, parecía que estaba planeado. Todo ocurrió muy rápido y en muy pocos días, como si una fuerza cósmica lo hubiera planeado, y no porque yo ni nadie nos hubiéramos empeñado en que así fuera. Había aprendido mucho de cómo se producían las lecturas y de cómo funcionaban las comunicaciones.

Decidí que le haría caso, que no leería más las cartas en el colegio, pero que no las dejaría. Seguí leyéndolas en mi casa o donde me lo pidieran, tanto en mi pueblo como en el otro. Sabía y sentía que era parte del plan, parte de quién era yo y parte de lo que yo debía realizar en el mundo. Ahora sabía cómo manejarlo, y aunque a veces terminaba con mucho frío, era más consciente de la conversación interior que se daba, una especie de conversación a tres voces. Si aquello ocurrió con tanta velocidad y de forma tan natural, no podía ser malo. ¿Sería igual de fácil si decidía hacer público mi don?

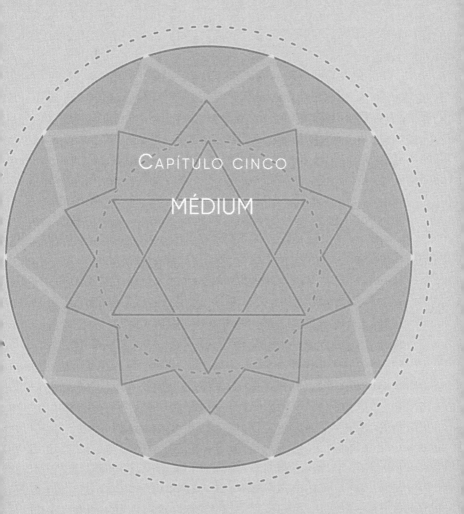

CAPÍTULO CINCO

MÉDIUM

TENDRÍA DIECISIETE O DIECIOCHO AÑOS. No lo recuerdo con exactitud, y era casi la hora de cenar. Mi madre y mi padre estaban en la cocina. Mi madre terminando de ultimar algún detalle de la cena y mi padre tomando un pequeño aperitivo. Creo que era fin de semana, pues no recuerdo que mi hermano Eugenio estuviera en casa. Mi otro hermano, el mayor, andaba por allí y mi hermana ya hacía tiempo que se había casado y no vivía con nosotros.

Yo estaba viendo televisión. Llevaba unas semanas obsesionado con el nuevo sencillo de mi cantante favorito. Mis padres empezaron a llamarme con insistencia para que fuera a cenar, pero yo quería repetir el vídeo por última vez. Solo eran tres minutos y tenía que hacerlo en ese momento justo. No podía esperar. Mis impulsos de adolescente no me permitían hacerlo. Además, después de cenar mi padre querría ver su deporte y no podría utilizar la televisión. Era ahora o nunca.

Desoyendo sus peticiones, me disponía a insertar la cinta de vídeo dentro de la ranura del VHS cuando vi a una niña de pie debajo del marco de la puerta del salón. En un principio pensé que se trataba de mi prima María Ángeles, aquella a la que yo llamaba Marisol. Me extrañó porque hacía bastantes años que no se me presentaba, pero pudiera ser que tuviera algún motivo. Sujetando la cinta a medio meter con una mano y el mando de la televisión con la otra, me fijé bien en ella. La miré directamente. En ocasiones, veía sombras que pasaban ante mí y caras que, al dirigirme a ellas, desaparecían. Más adelante supe con certeza que se trataba de espíritus que interactuaban conmigo en mi día a día.

La niña tenía puesto un vestido largo blanco hasta las rodillas, con margaritas estampadas en el vestido, y una cara muy bonita. Muy dulce y amorosa. No era rubia del todo, pero tenía el pelo claro y los ojos marrón color miel. A partir de ese momento, no oí nada más. No escuchaba la televisión, ni lo que pasaba en la cocina, solo a ella. Fue como si al acercarse a mí, se distanciara el resto del mundo y quedara en un segundo plano menos importante.

—*Pon Antena 3* —me dijo.

Me quedé mirándola atónito. ¿Un espíritu que quiere que ponga un canal específico? ¿Es que no le gusta la música? Me pareció un mensaje muy extraño.

—¡Date prisa! —me recriminó con tono impaciente—: *¡Cambia de canal!*

Con el tiempo he aprendido a detectar que cuando
un espíritu insiste tanto en un tema o cuando
focaliza mucho la atención en un único punto o
lugar, es siempre por un motivo sustancial.

Dejé el casete sin meter del todo y puse el canal de
televisión que la niña me decía. Se trataba de un programa en directo que yo nunca veía. Una especie de maga-
cín donde entrevistaban a personajes de diversa índole
y había debates y números de entretenimiento. En la
pantalla, la presentadora estaba hablando de una invitada especial que tenían esa noche y que estaba con ellos
en plató en ese momento. Miré a la niña para preguntarle
qué era en lo que ella quería que me fijara, pero ya no
estaba, con lo cual volví mi atención de nuevo a la televisión. En la pantalla se podían ver escenas de películas de
fantasmas. La presentadora introdujo a la invitada de esa
noche. No reparé en ninguno de los títulos académicos
que se le atribuían, solo escuché la palabra «médium».

¿Qué era eso? ¿Alguien que como profesión había
elegido ser «médium»? Tenía que verlo. Sinceramente
no sé cuánto tiempo pasó, ni durante cuánto tiempo es-
tuvieron mis padres llamándome. Lo cierto es que me
senté en el sofá a ver la entrevista, y al contrario que en
otras ocasiones, nadie vino a buscarme al salón. Se trataba de Marilyn Rossner. Una mujer de pequeña estatura,

de voz muy dulce y suave, pero que emanaba gran fuerza en el escenario y ante las cámaras. Nunca había visto a un médium. Alguien que hablara sobre el don y sobre los espíritus con tanta naturalidad. La presentadora le hizo un par de preguntas sobre su don y sobre cómo se manifestaba, y después, le pidió que diera unos mensajes entre el público. Ni corta ni perezosa, Marilyn se levantó de su asiento y se dirigió a los asistentes.

Yo ya estaba hipnotizado con ella y con cómo hablaba, había algo que me conectaba con ella. Algo inexplicable. Algo muy fuerte.

Marilyn llevaba el pelo liso y largo, hasta debajo de los hombros, de color rojo chillón casi naranja. Unas grandes gafas de sol de color verde oscuro, de forma hexagonal, un vestido de muchos colores hasta debajo de la rodilla, unos calcetines blancos hasta la mitad de la pantorrilla, y unos zapatitos de color anaranjado. Al verla y al observar su vestimenta, no pude evitar pensar en Dorothy, la protagonista de la película *El mago de Oz*.

Marilyn explicó que ella necesitaba de su voz para poder darles mensajes, que les pediría permiso, y que, si deseaban recibir un mensaje, le dijeran que sí en voz alta. Añadió después que ella siempre trabajaba con su espíritu guía llamada Daysi y que era ella la que le decía a quién y dónde debía dar los mensajes. Años más tarde supe que aquella niña que me había venido a ver esa noche y que nunca más me visitó era en realidad Daysi.

Estuvo unos diez o doce minutos entre el público repartiendo mensajes a una velocidad increíble. Parecía una locomotora: rápida y concisa. Se movía con gran soltura entre el público. La mayoría de las personas mostraba su asombro en la cara, y algunas de ellas terminaron llorando emocionadas después de haber recibido el mensaje.

—¡Mikeeel!

En ese instante escuché a mi madre llamarme.

—¿Pero se puede saber qué demonios estás haciendo? ¡Que se te va a enfriar!

No podía dejar de mirar la televisión; aunque no sentía hambre ninguna, quería ir a la cocina, obedecer y hacer lo que me decían, pero no podía despegarme de la pantalla. No puedo explicar lo que en ese momento sentí en mi interior: alegría, esperanza, sentido de pertenencia, ilusión, comprensión, admiración... no existen palabras en el diccionario que lo puedan explicar. Sentía como si hubiera estado perdido en una isla desierta o en un remoto planeta y, de pronto, había avistado un barco.

Después de compartir mensajes con las personas sentadas entre el público, la presentación terminó con una breve despedida y un recordatorio de dónde Marilyn iba a estar en esas fechas. No recuerdo si era Madrid o Málaga, creo que era Málaga. Pensé en ir en su encuentro, pero no tenía los medios para hacerlo, e ir tan lejos me parecía algo casi imposible en aquel entonces.

La visita del espíritu me dejó muy asombrado.
¿Quién era? ¿Por qué quería que yo viera eso? ¿Sería
que deseaba que yo siguiera sus pasos? ¿O simplemente
quería enseñarme lo que era y cómo funcionaba la mediumnidad real? Con sentimientos entremezclados de
ilusión y miedo, apagué la televisión sintiendo una gran
conexión con esa mujer. No la conocía, hasta ese día no
sabía ni quién era, nunca había oído hablar de ella, pero
desde el primer momento sentí una conexión enorme y
especial con ella. Sabía que no era ninguna coincidencia.
Mientras avanzaba hacia la cocina, pensaba que yo un
día conocería a esa mujer. Sentía que debía hacerlo y que
esto no había acabado aún.

Los años pasaron. Era agosto del 2003. Tenía veinticinco años y no me podía quejar respecto a mi vida. Me
había mudado a la capital de la provincia, San Sebastián,
una hermosa y pequeña ciudad de cerca de 180.000 habitantes, en el noreste del Estado; había alquilado una
habitación en un piso céntrico y lo compartía con otros
dos chicos, tenía un trabajo que me gustaba y que, además, me permitía poder hacer consultas privadas de tarot con videncia (y lo que surgiera), en los ratos que
no estaba trabajando. Mis compañeros de piso sabían, y
permitían que yo realizara consultas en casa facilitando
amoldarse a los horarios de los consultantes.

Nunca fue mi objetivo hacerlo. Nunca quise dedicarme a la videncia y mucho menos a la mediumnidad;
sin embargo, no podía escaparme de ello. ¿Cómo pe-

dir a un pájaro que no vuele? Me pasaba algo similar. Aunque no muchas, podía hacer unas consultas privadas semanales. En el tema sentimental también me iba bien. Hacía unos pocos meses había conocido a alguien y parecía que la cosa iba en serio.

Pero por más que pasaba el tiempo, no conseguí olvidarme de aquella mujer. Supongo que aprendí a dejarlo de lado, a mover esa idea a un costado de mi mente pensando que esa situación nunca podría darse, y que la opción remota de que pudiera conocerla se hiciera realidad. Poco sabía yo que, en el mismo San Sebastián, en un foro esotérico que se realizaba en el Palacio de Miramar cada verano durante diez días, Marilyn era una habitual. De hecho, era una de las personas más aclamadas en distintos simposios de todo el mundo, en concreto en España y este, el de San Sebastián, era uno de sus favoritos.

Estaba terminando de fregar los platos cuando sonó el teléfono de casa. Al principio no presté atención a la conversación. Íbamos a ir a hacer algo de deporte en el campo y mi mente estaba pensando en el tipo de calzado que debería llevar. Era Ana, una amiga íntima de la familia. «No sé —escuché que decían en el teléfono—. Eso lo sabrá Mikel. Te lo paso para que le cuentes a él.»

Cuando cogí el teléfono, Ana me contó que estaba muy ilusionada porque se había enterado de que ya iba a iniciar pronto la feria de esoterismo. Me contó que había diferentes ponencias y actos; algunas de las conferencias incluían demostraciones y ella pensó que quizás a mí me gustaría asistir; pues conocía mis intereses y las consultas personales que yo hacía. No supe qué decir. En realidad teníamos planes en el campo para ese fin de semana.

Ana siguió leyendo el panfleto y explicándome los diversos invitados que iban a asistir. Me dijo que una de sus favoritas y que le producía mayor curiosidad era una mujer estadounidense que venía todos los años. Me leyó el título de la ponencia. Hacía referencia a algo de las herencias generacionales, no recuerdo.

Pero mientras Ana seguía leyendo, algo en mi corazón comenzó a palpitar.

Empecé a escuchar en mi cabeza una voz que repetía sin parar: *¿Cuál es su nombre? Pregúntale: ¿cuál es su nombre?* Debido a la incesante persistencia de aquella voz, interrumpí a Ana, que leía detenidamente por el teléfono cada coma y cada punto de la explicación escrita en aquel papel. Estaba tan entusiasmada con la temática, que me daba pena cortarle.

—Perdona que te interrumpa —le dije, y enseguida le pregunté—: ¿Cuál es su nombre?

—A ver..., espera. Es una mujer muy particular... ¡Aquí esta! Se llama Marilyn Rossner.

Mi corazón dio un vuelco. Di saltos de alegría agarrando el teléfono mientras una serie de cosquilleos electrizantes atravesaban mi estómago y acariciaban mi piel.

—No es americana —le dije—: Es canadiense. Esta es la mujer que vi hace años en televisión, ¿te acuerdas?

Con entusiasmo le comenté que siempre había querido ir a verla, que siempre quise conocerla y que me encantaría poder asistir a una de sus charlas.

—Lo sabía —me contestó Ana—: He pensado que querrías ir y he comprado tres entradas para mañana.

No sabía dónde meterme ni qué hacer. Le di las gracias a Ana, quedamos para el día siguiente y colgué el teléfono lleno de emoción. No sabía si reír o llorar, si gritar o cantar. Saltaba de ilusión en el salón de casa recordándome a mí mismo esas fans de grupos internacionales tipo Los Beatles o Take That que gritan cuasi catatónicas y que se solían ver en la televisión. No podía parar de brincar y saltar. ¿Cómo podía ser que esta mujer estuviera viniendo a mi ciudad cada verano sin yo saberlo? En tantos años, ¿cómo no me había enterado antes? ¿Cómo no lo supe? En fin, este era el momento, lo que importaba era el ahora, y al día siguiente por fin la conocería. Estaba emocionado.

Creo que casi no dormí esa noche. Estaba nervioso e inquieto. Nunca había asistido a un evento como aquel, pero estaba seguro de que sería maravilloso. Si era algo parecido a lo que había visto en la televisión, iba a ser glorioso. Todos aquellos sentimientos que durante tantos años habían permanecido adormilados se habían activado.

Al día siguiente todo transcurrió con normalidad, excepto que por la tarde teníamos una cita. Quedamos en la puerta del palacio donde se celebraba el evento con Ana casi como dos horas y media antes de que empezara la conferencia de Marilyn. La cola para entrar era impresionante, daba casi la vuelta a la manzana. Abrieron las puertas para que fuéramos pasando, primero a la parte de abajo, donde se encontraban todos los puestos en los que vendían piedras preciosas, amuletos, etcétera. Miramos si había alguna baraja de tarot especial, pues yo había comenzado a coleccionarlas, pero no podía prestar atención a lo que tenía delante. Solo quería ir a escuchar a Marilyn. Deseaba que diera inicio su ponencia.

Deseaba estar lo más cerca posible de ella y recibirlo todo. Quería escucharla y no perderme nada de lo que dijera. Sabía que tendría traducción simultánea, pero quería intentar empaparme de todo en inglés, y para ello me parecía mejor sentarme junto al escenario. Durante su presentación, Marilyn repartió mensajes entre los allí presentes en al menos dos ocasiones. Deseaba con todas mis fuerzas que me dijera algo. Quería recibir algún mensaje. Después de todo, estaba seguro de que había algún motivo por el que aquella niña me había hecho encender la televisión para verla.

Con gran pesar descubrí que el acto estaba concluyendo y que ni yo, ni mis amigos, habíamos recibido ningún mensaje. Me tendría que ir con la alegría de verla actuar, con la ilusión de recibir información sobre el más allá y las explicaciones que ella había dado sobre cómo funciona el mundo de los espíritus, pero a la vez, un poco triste por no haber recibido ningún mensaje. Debía de haber algún motivo para todo ello, y yo no podía marcharme sin tener la información del porqué o para qué. Sentía que solo Marilyn podía ayudarme y que, como la arena fina, se me estaba escapando entre los dedos.

Fue en ese momento, y antes de terminar, cuando ofreció entre los participantes dos becas para poder asistir a su escuela en Montreal. Mientras Marilyn hablaba, yo sentía que me estaba hablando a mí, me veía yendo a Montreal, sentía que era mi camino y que debía hacerlo. Miré unas filas atrás, donde estaban sentados mis amigos y mi pareja, y todos estaban pensando lo mismo que yo. Señalándome con el dedo índice, me susurraban en la distancia, ese eres tú.

La verdad es que en ese momento no me importó mi trabajo estable, ni el piso, ni nada más, solo podía pensar en que me estaba hablando a mí. Que era yo al que había ofrecido esa beca. Pero Marilyn ya se había marchado y yo no tenía manera de poderla localizar ni hablar con ella. Mis amigos decían que debía intentarlo, que tenía que hacerlo, que no podía dejar pasar esta oportunidad; pero ¿cómo la iba a encontrar?

Estaba pensando volver al día siguiente para tratar de averiguar en qué hotel se hospedaba para hablar con ella. Nos dirigíamos hacia la salida caminando por aquellas grandes estancias palaciegas con mármol en el suelo y paneles de madera en la pared. Mis amigos no paraban de decir que debía hacerlo. Y ahí fue cuando la vimos. Estaba en uno de los pasillos interiores que daban hacia otra de las salidas.

La tenía a poquísimos metros, tan cerca, que podía casi sentir que su presencia tocaba la mía, pero me entró el miedo. Comencé a pensar que no era buena idea y a sentir que me diría que no, y el miedo se apoderó de mí: era más fuerte el miedo al rechazo que el sentimiento de poderme realizar con todos mis dones y como persona. No podía hacerlo.

La había intentado saludar en un par de ocasiones, pero ni siquiera reparó en mí. Pasó lo mismo que había sentido durante la charla. Estaba contento por estar allí, con ella, pero triste a la vez por no recibir la respuesta ansiada. No se había percatado ni de que yo estaba allí; parecía tener ojos solo para esa chica. ¿Sería verdad que únicamente le interesaba llevar a chicas y no a chicos? Estaba perdido.

Marilyn preguntó a la chica cuál era el motivo por el que iba a ir a Boston y no a otro lugar. La chica, que tenía un inglés peor que el mío, quiso decirle que le habían dado una beca de estudios por un mes para vivir con una familia y estudiar en un colegio durante un mes. Un programa del Gobierno, al parecer. Pero ella no supo cómo decir eso en inglés.

Yo, viendo que no me hacía ningún caso, empezaba a desesperarme y tenía ganas de irme. Intenté marcharme varias veces, pero mis amigos me retenían allí. Tú aquí, quieto, hasta que hables con ella —me decían— porque tú vas a ir a Montreal. Al ver que la chica no podía expresarse bien, me volví hacia mis amigos y entre dientes comencé a decir la expresión que ella no podía encontrar. *«Financial aid»*, susurraba yo. «Dile que te han dado un *grant*», murmuraba entre dientes. Entonces fue cuando sentí que alguien me empujaba. Al ver esa situación y harto de mi timidez, uno de los del grupo decidió lanzarme con fuerza hacia Marilyn y caí literalmente encima de ella. Viendo lo pequeñita que ella es, no sé ni cómo no la aplasté en ese momento. Como no sabía qué decir, ni cómo actuar, le dije en inglés:

—*She has been given financial aid to travel to Boston* —dije, explicándole la situación que la chica no había podido traducir.

Entonces, me agarró la mano y todo el mundo desapareció para ella. Me miró de manera firme a los ojos. A partir de ese momento parecía que estábamos solos ella y yo. Mis amigos y pareja se habían marchado tras el empujón que me dieron, estaban esperando al final de aquel gran corredor, y Marilyn parecía haber perdido el interés en el resto de la gente que estaba en aquel círculo con la que ella estaba charlando de modo distendido solo dos minutos antes.

—¡Hola! —me dijo con esa voz de niña tan característica de ella mientras agarraba mi mano con firmeza. Puso su mano derecha sobre mi brazo izquierdo y me preguntó mi nombre, y también quiso saber a qué me dedicaba. No me atrevía a decirle nada de la videncia ni de las cartas del tarot. No quería meter la pata.

—Hablas muy bien inglés —me dijo—: ¿Quién eres?

Le dije mi nombre de nuevo; a lo que ella respondió:

—No. ¿Quién eres en realidad?

Soltó mi mano y me agarró de los brazos con ambas manos.

—Mira —me dijo con cariño mientras me miraba con firmeza a los ojos—: Ahora me tengo que marchar, no puedo quedarme más.

Siguió diciéndome que tenía un don increíblemente fuerte aún sin desarrollar y que me invitaba a que fuera con ella durante un año a Montreal para formarme en su escuela. Agarró uno de los panfletos del evento y en él escribió su correo personal y la página web de su instituto. Me lo entregó y mientras se alejaba me gritó:

—¡Escríbeme! ¡No me olvidaré de ti!

Antes de que terminara el mes, le escribí un correo a la dirección que me había dejado anotada en el folleto. No pude comprobar los correos hasta dos o tres días más tarde. No tenía internet en casa, y fui a un locutorio para ver mis emails. Me había contestado, y sí, se acordaba perfectamente de mí.

Me respondió que me recordaba a la perfección, y también el don tan mágico y especial que me rodeaba. Dijo que sentía que yo podría encajar a la perfección en su equipo, y me explicó que tenían unas conferencias internacionales que comenzarían en mayo, por lo cual sería bueno si pudiera ir a Canadá hacia el 20 de abril. No me lo podía creer. Una sensación nueva de intriga y emoción me embargaba por completo.

No lo dudé. No me importaba el trabajo ni el piso. Tenía un buen trabajo estable y empezaba a hacer mis primeras incursiones en la videncia, pero este era mi sueño. Por fin podría ir a un lugar donde me comprendían, donde estaría rodeado de gente con las mismas inquietudes y formas de sentir la vida que yo y, además, podría aprender de una de las mejores médiums del mundo, si no la mejor. Lo que sí me preocupaba era cómo se lo tomaría mi familia. No quería mentirles, pero tampoco sabía cómo podría decirles la verdad. Mis padres siempre habían sido muy protectores conmigo, al igual que mis hermanos. Yo sabía que a mi madre no le haría gracia si le decía adónde iba y a qué iba. Aquellas visiones y percepciones que yo solía tener le daban miedo, pensaba que algo negativo podría pasarme. Había aprendido a aceptar las cartas, y hasta se había acostumbrado, pero todo lo demás le aterraba. Me imagino que también le preocupaba el hecho de que yo pudiera terminar en manos de alguna secta, un grupo o persona sin escrúpulos.

Sería difícil hacérselo comprender a mi familia, pero era el sueño de mi vida que me llamaba a la puerta. Ciertas oportunidades se presentan solo una vez en la vida, no podía perder esta. Me pasé días examinando cómo esta noticia me hacía sentir. Me había acostumbrado a hacer caso y guiar mi vida a través de mis instintos. Sabía que si no era positivo para mí, que si era el simple deseo de tenerlo lo que me motivaba, mis instintos me lo harían saber, mi intuición. También, si ese era mi camino, me lo harían saber. No se puede explicar cómo sucede, simplemente se siente una fuerza tenue, pero con un latido fuerte que no calla y que siempre sabe más y mejor que uno mismo.

Una noche, me senté en la mesa del salón junto con mi pareja e hice un ejercicio de crítica constructiva. Anoté en un papel lo positivo que me ofrecía esta oportunidad, y en otro, lo negativo. Le expuse a mi pareja la preocupación que yo sentía con respecto a mi familia, y cómo ellos se lo iban a tomar. Si mi madre lo aceptaba, asimismo lo haría mi padre. Eso era seguro. Lo sabía. Pero no sabía cómo enfocarlo. Por otra parte, estaba también el asunto de la pareja. Si yo me iba por un año, ¿qué nos sucedería? Tenía miedo de que no siguiera adelante, pero la fuerza de mi interior, de mis intestinos, me decía que no me detuviera, que no lo dejara. En una sincera charla alrededor de unas cartas de tarot, mi pareja me dijo que debía pensar en mí mismo, solo en mí y en mi sueño, en nadie más.

Añadió que si el universo quería que nuestra unión siguiera adelante después de mi estancia en Canadá, así sería. Me dijo que este era mi momento y que podría llegar a comprender muchas cosas que me habían afectado durante toda mi vida. Que no podía dejar de vivir la ilusión personal de mi vida por nadie ni por nada, y en un acto de generosidad monumental me dijo estas palabras, con las que me ayudó a tomar la decisión que necesitaba y que me estaba costando: «No sueñes tu vida, vive tu sueño».

Pocos días después me informé de visados y trámites necesarios para permanecer en el país norteamericano, gestioné mi pasaporte, fui a una agencia de viajes e hice la reserva del billete de avión para abril. Marilyn había llegado a mi vida para quedarse. Aún no era consciente de la conexión y el nexo de amor grandísimos que sentíamos el uno por el otro, ni tampoco de la magnitud en la que me transformaría. Este fue el comienzo de una gran relación, de tía y sobrino, como ella bien dice. Como ella misma también dice, este fue el inicio de una gran historia de amor.

MIS PADRES ME LLEVARON AL AEROPUERTO de Bilbao. Llevaba tantas maletas, que parecía que me llevaba la casa a cuestas como si no hubiera un mañana. Lo cierto era que yo sabía que cuando volviese lo haría de manera diferente. Nunca me había sentido que fuera de ningún lugar en particular. Siempre me habían atraído Norteamérica y Escocia. Para ser franco, nunca pensé en Canadá. Quizá fuera por las películas y series para adolescentes, pero siempre me había atraído California. Solía pensar que sería hermoso poder un día ir allí, y aquí estaba, a punto de pisar Norteamérica sí, pero el extremo opuesto.

En mi interior experimentaba un nerviosismo como nunca había sentido. Como lo que padeces el primer día de clase cuando vas a un colegio desconocido, o cuando asistes a un nuevo trabajo en una empresa que no conocías. A la vez, percibía una sensación de pertenencia, de positividad y de estar guiado. Podía escuchar una conmoción interior, muy sutil, que me animaba a seguir. Me invadían muchos sentimientos: intriga, anhelo, ilusión, expectación, alegría, pero también cierta pena. Dejaba atrás una buena vida que comenzaba a ser estable, y a personas importantes, incluidos mis seres queridos.

La convicción y la certeza de que estaba en lo correcto, de que aquello era lo que me correspondía hacer y que era mi camino estaban presentes a cada instante, dándome fuerzas para seguir adelante. Tras varias horas de espera en el aeropuerto, al fin llegó el momento. Era el momento.

Nos abrazamos y dijimos palabras de ánimo. «¡Que no me voy a la guerra!», pensaba para mis adentros. Para una madre daba igual si guerra o viaje; iba a pasarse una larga temporada sin ver a su hijo y era, a nivel emocional y salvando las distancias, casi lo mismo. Mientras caminaba, me giraba y allí estaban, a lo lejos, diciendo adiós y agitando la mano.

Cuanto más caminaba, más pequeños se hacían, y la distancia, lejos de empequeñecer el dolor, lo hacía todo más grande. Al doblar la esquina, dejé de verlos. Justo después del control de policía. Aquí comenzaba mi viaje de verdad. Caminaba hacia el futuro y hacia una vida nueva, donde seguro iba a entender muchas cosas. No pensaba en desarrollar mis dones, solo pensaba en comprender(me) más. Me sequé las lágrimas de la cara, suspiré profundo y miré hacia delante, esta vez con una sonrisa.

Al aterrizar en Canadá habían pasado cerca de siete horas que se me hicieron eternas. Me dijeron que me esperaría una voluntaria, llamada Nadia, en el aeropuerto para llevarme al lugar donde se encontraba el instituto: el SSF de Montreal, en pleno centro de la ciudad. Estando en la cola a fin de ser entrevistado para entrar a Canadá, me di cuenta de que no tenía el número de teléfono de Nadia. ¿Y si no estaba o pasaba algo? El universo quiso llevarme hasta allí, o sea que estaba seguro de que todo iba a estar bien y de que no iba a tener ningún inconveniente. Decidí, una vez más, confiar en mi intuición.

Nadia estaba esperándome justo a la salida de la recogida de equipaje. Era una mujer de cincuenta y pocos años, un tanto corpulenta, con la cara cuadrada y mandíbula muy marcada. Era originaria del Líbano. Nadia tenía una pequeña cojera en la pierna izquierda que le hacía caminar de manera bastante peculiar, y un pelo corto de color amarillo anaranjado muy moderno que contrastaba con su vestimenta de corte más bien tradicional. Otras cosas que Nadia tenía a raudales eran la simpatía y el cariño. En todo momento me hizo sentir en casa, pero ¡madre mía!, tenía un acento tan fuerte cuando hablaba inglés, que me costaba entenderla.

Nada más salir del área del aeropuerto, me asombró ver casas pequeñas de dos plantas con cuatro viviendas en cada edificio, dos abajo y dos arriba. Casi todos los edificios eran cuadrados y no tenían tejado. ¿Cómo puede ser?, pensé extrañado. Hacía buen tiempo, cerca de 17 °C, y brillaba el sol cuando llegué, pero estaba seguro de que nevaba mucho. ¿Cómo podían tener tejados tan lisos o en algunos casos no tener tejado, y mostrar solo la azotea? Me extrañó mucho.

El olor fue otra de las cosas que me llamaron la atención. Olía de una manera muy peculiar. Me recordaba a Bilbao o a ciudades más bien industriales de mis años estudiantiles. Era un olor gris. Una especie de olor que, sin ser desagradable, tampoco era bueno en especial. ¿Podría ser la humedad? Después supe que Montreal es una isla, y al igual que Bilbao, tiene mucha humedad. Podría haber sido eso. Pero había algo más. Un aroma tenue que me recordaba a un viejo garaje o a un sótano sin luz. No era fuerte, ni molesto, pero sí llamaba la atención.

Unos cuarenta minutos más tarde, llegamos al instituto, IIIHS-SSF. En la esquina de las calles Maisonneuve Oeste y Du Fort. En pleno corazón del centro.

—Enseguida reconocerás la casa —me dijo Nadia con amabilidad—: Es la diferente.

En esa calle, justo al final, había dos o tres casas de piedra gris de estilo victoriano, unas junto a las otras, con el tejado en punta y tejas de pizarra que creaban ondas parecidas al movimiento del agua. Las casas de Montreal, como es habitual en la zona, disponen de escaleras externas para acceder a los pisos superiores. Solo había una que tenía las escaleras exteriores de colores. En este caso, eran de color naranja, rojo y amarillo. Todos los colores tenían un tono característicamente estridente.

—¡Esa es! ¿A que sí? —le dije a Nadia.

Se sonrió y, con cierta complacencia, me dijo:

—¿Cómo no iba a ser?

Eran cerca de las cinco de la tarde y estaba muy cansado. La tensión y los nervios del viaje, y por supuesto, el madrugón y el no haber dormido, se empezaban a sentir. Cuando entramos, una serie de personas me estaban esperando para darme la bienvenida, una de ellas era Liat (una chica hebrea profesora de yoga que había conocido a Marilyn y a John, su esposo, en un *ashram* en las Bahamas).

—Marilyn no está —me dijo Liat mientras agarraba mi maleta grande—: No ha podido venir, tenía un compromiso.

Me quedé un poco decepcionado porque esperaba verla y tenía ilusión por estar con ella. Liat comenzó a arrastrar mi maleta escaleras arriba. Se trataba de unas escaleras muy estrechas y empinadas con alfombra granate, que teníamos que subir para ir al segundo piso. Después quedaba otro piso más, en este caso con una escalera igual de empinada, pero más ancha, hasta las habitaciones.

Cada piso tenía una alfombra de color diferente en el suelo. Los techos eran muy altos, con lámparas grandes antiguas colgando en cada habitación. Algunas de las paredes, las que separaban este edifico del contiguo, mostraban sus ladrillos rojos. Realmente se podía leer la «historia» de la vivienda y el ambiente era mágico. Sus paredes emanaban relatos tan variados, que podía sentir el paso del tiempo a través de ellas.

La decoración estaba llena de Budas, imágenes del símbolo OM, retratos de los maestros de Marilyn, algún que otro retrato o artículo de Marilyn y de su marido, el padre John, y muchos, muchísimos colores de todo tipo. Cada rincón al que miraras se veía distinto. Podrías estar observando cada detalle durante horas, sin aburrirte. Por todo el edificio se podían encontrar objetos y cuadros de todos los lugares del mundo, imágenes de diferentes mantras y oraciones y gran variedad de colores.

Uno de mis retratos favoritos, y que incluso hoy aún está, es un mural de la cocina donde aparecen retratadas Marilyn y su guía Daysi. Recuerdo que cuando lo vi por primera vez, no podía dejar de mirarlo. Me encantaba y aún lo hace. Era martes cuando llegué. Sobre la cama de mi habitación, Marilyn había dejado una carta de bienvenida, con una tarjeta graciosa y una cesta llena de frutos secos y frutas deshidratadas para que tuviera algo de comer.

Después de tomar un café con Liat y de charlar un poco para conocernos mejor, de hacer la compra de comida básica y algún utensilio de primera necesidad, decidí acostarme para ver si podía recuperar algo de sueño. La luz del sol me despertó a las cinco de la mañana. No sabía que en Canadá amanecía tan temprano; «vaya fastidio», pensé. Siempre había necesitado tener todo a oscuras para poder dormir, y aquí, con el sistema de cortinas que tenían, parecía misión imposible. Tendría que hacer algo al respecto. Mi cama era un colchón apoyado en el suelo. Aunque no estaba acostumbrado a ello, no me costó nada descansar. Dormí de un tirón, profundo, y tuve un sueño reparador.

Intenté quedarme en la cama un poco más para ver si me dormía. No se oía ni un alma en la casa, pero hacia las siete de la mañana no pude más y decidí levantarme. Me di una ducha, aunque, francamente, con el hilito de agua que salía era difícil incluso llamarla así. Pero nada me molestaba. Estaba feliz de estar donde estaba e ilusionado con las oportunidades que se me presentaban.

Cuando bajé a la cocina, cerca de las siete y media de la mañana, me hice un té y puse dos panes en la tostadora para desayunar. Al ser un centro por completo vegano había que ser cuidadosos con lo que se preparaba allí. Nada más sentarme, enseguida llegó Marilyn para ver cómo estaba, cómo había ido el vuelo, si necesitaba algo y si había encontrado todo lo que necesitaba. Me comentó que la oficina estaría a tope de gente y que seguiría siendo así durante las siguientes semanas, pues se acercaba la conferencia anual que preparaban, y había mucho que hacer. Me dijo que me tomara unos días libres para adaptarme, y que dentro de una semana me diría cuáles eran mis tareas y qué horarios tenía disponibles.

Como voluntarios del centro, y a cambio de alojamiento y clases, debíamos realizar veinticinco horas semanales de voluntariado. Todos hacíamos de todo: ir a correos a entregar un paquete, limpiar, escribir cartas o enviar correos, sacar la basura, montar las salas para los eventos, etcétera. Le comenté que yo no me sentía cómodo así, y que deseaba colaborar también participando como el resto de las personas y no estar sin hacer nada mientras todos trabajaban.

En el diario que escribí durante mi estancia anoté:

> *21 de abril, 2004.*
>
> *Cuando estaba desayunando ha venido Marilyn y después de estar hablando un rato, me ha preguntado qué horario prefería para hacer el voluntariado, si de 12 a 17 o de 17 a 22. Son cuatro días a la semana, uno libre (lunes o viernes), y dos días al mes para estar en los Oficios Espirituales. Yo le he dicho que mejor de 17 a 22, para mí aún es la tarde, pero aquí le llaman evening. Un nuevo concepto para mí. Creo que he elegido bien, ¿qué crees tú, mi querido diario?*

Así comencé. Por la mañana me dedicaba a mis cosas y a hacer deporte, y, después de comer, trabajaba un poco. Todos los días, a las siete y media de la noche teníamos clase, formación de diversa índole.

A veces misticismo, a veces tarot, otras veces religión comparativa o clases relacionadas con la mediumnidad. Los viernes por la tarde las clases eran en francés, y los sábados había talleres. A veces, dos o tres clases o talleres en un solo día; tenía que elegir y no sabía cuál. Intenté ir a todo, pero no podía porque tenía que procurar no molestar a mis compañeros dándoles más trabajo y terminar mi jornada. Muchas veces, si me interesaba un taller, hacía mis clases antes, con lo que al final Marilyn me cambió el horario y me puso en el de la tarde.

—Hoy tenemos una clase muy interesante y mañana un Oficio Espiritual, ¿vendrás, verdad? —me dijo Marilyn.

—¿Un oficio? ¿Eso qué es? No sé... —contesté.

Me explicó que se trataba de una reunión espiritual, similar a una misa, pero en este caso interreligiosa. En ella no se hacen distinciones entre las diferentes creencias y religiones, sino que se busca un nexo común que las una y se defiende la existencia de la vida después de la muerte. Estos oficios interreligiosos contenían diversas partes: una charla inspiracional, una meditación guiada, algo de música, y, después, los médiums allí presentes compartían los «Dones del Espíritu» facilitando mensajes de sus seres queridos y de videncia entre los asistentes.

—La hora anterior al oficio se ofrece sanación espiritual para todo aquel que desee asistir. Pero tú deberás ir a la clase de Harley esta noche —añadió Marilyn—: Mañana ya irás al oficio, te gustará. Estoy segura. Pero te vendría bien Harley.

Mirando atrás, pienso que podía ser una manera de ponerme a prueba. No lo sé. Tengo esa impresión.

Quizás ella quería saber si sus sospechas sobre mi don estaban en lo cierto. Ya Marilyn se había marchado. Era algo habitual en ella, decir algo y marcharse después sin darte tiempo a contestar ni preguntarle nada, dejándote pensativo.

Agarré un programa y leí el título y la descripción de las clases de Harley.

Harley Monte: Mediumnidad y espíritus, todos los miércoles 7.30 p. m.

Salté de gozo. Noté cómo mi corazón había reaccionado, cómo se alegraba. Y pensar que no me había dado cuenta de esta clase... no llevaba aquí ni veinticuatro horas y ya se me estaba guiando en esa dirección. Cuando llegó la hora de la clase, me tocó a mí ayudar a inscribir a todos los asistentes. Era la clase más numerosa que tenían en el centro y pronto descubriría por qué. Había cerca de treinta personas, de diferentes edades. El SSF, al ser una organización sin ánimo de lucro, funcionaba a través de socios, y estos socios recibían descuentos y bonificaciones en las tarifas de las actividades del centro.

No recuerdo si Liat fue a esa clase o no, creo que no. Pienso que de entre los voluntarios, solo fui yo. Primero Harley dio la bienvenida a todos y me pidió que me presentara.

—Tenemos chico nuevo en la oficina —comentó con humor.

Después de una breve explicación, hicimos una meditación guiada, donde él nos mostraba una serie de ejercicios de respiración y unas visualizaciones especiales para poder conectar con el mundo de los espíritus. No sé qué ocurrió, ni cómo, pero enseguida sentí que mi cabeza estaba volando. A poco de haber iniciado la meditación, costaba seguirle, por un lado, por su inglés, y por otro, porque me iba por otros derroteros. Me evadía en direcciones por completo opuestas a la de la meditación, perdiendo incluso la noción de tiempo y el espacio. Entraba en una especie de vacío colectivo. Esta especie de vacío o espacio en blanco se veía interrumpida por visiones, acompañadas, a su vez, normalmente de sentimientos y percepciones energéticas o emocionales.

En un momento empecé a ver imágenes que se acercaban a mí a gran velocidad. Al principio eran muy pequeñas, como si las estuviera viendo en la distancia, y, al reparar en ellas, comenzaban a acercarse hacia mí a gran velocidad, agrandándose y dando lugar a que otros cientos de imágenes les sucedieran. Algo así como un millón de cientos de fuegos artificiales que viajan en dirección hacia ti. Me di cuenta de que algunas de esas imágenes eran diferentes porque, o bien volvían a aparecer, o nunca se iban. Otras imágenes no tenían sensaciones adheridas a ellas, o, si las tenían, se evaporaban, como si se cayeran porque habían perdido su razón de existir al no reparar nadie en ellas.

De pronto, se me puso delante un gran mapa de Estados Unidos. Lo intenté corregir, y cambiar; pensaba: ¡Que estamos en Canadá y no en Estados Unidos! Pero la imagen no se marchó, es más, se hizo más fuerte, latente y nítida. Comprendí que se trataba de un espíritu relacionado con este país. ¿Quizás habría algún familiar suyo en esta sala?

En cuanto pensé eso se borró el mapa de mi mente y apareció esta palabra enmarcada en una especie de cartel de carretera: «Richelieu». De inmediato pensé en el cardenal Richelieu, el archienemigo de D´Artacán, cuando veía los dibujos animados de *D´Artacán y los tres Mosqueperros*. No puede ser. Te lo estás inventando, pensé. ¿Qué pintaba un cardenal allí? Entonces, volvió a aparecer el mapa y me di cuenta de que se trataba de una localidad de ese país.

No podía ser, no tenía ningún sentido. Que yo supiera, no existía ningún pueblo con ese nombre ahí. Sabía, por el sentimiento que lo acompañaba, la nitidez y la insistencia del mensaje, que no era una invención mía. Sabía distinguir este tipo de sensaciones. Ya me había ocurrido en cientos de ocasiones a lo largo de mi vida. Sabía que no era mío. Pero aún la duda me hacía pensar que era probable que fuera algún lugar de la provincia de Quebec, en la que me encontraba. Esto tenía más sentido, puesto que estábamos en una provincia mayormente francófona.

En ese momento empecé a sentirme mal. Me invadieron unas ganas enormes de vomitar, no podía casi ni seguir concentrado en la meditación, y hacía un buen rato que no escuchaba lo que Harley decía. Creo que ahora estábamos en silencio, pero no lo sé con seguridad. Entonces fue cuando se me presentó un hombre de unos treinta años, con el pelo marrón clarito y unos ojos verdes azulados. Los dientes muy mal para su edad y una vestimenta un poco andrajosa, como si hubiera estado tirada en el polvo del desierto. Muy extraño.

Al percatarme de él y mirarle con firmeza a los ojos, algo se activó en mí y en él. Fue como sí él supiera que yo lo podía ver, deseaba con todas sus fuerzas hacer saber algo que lo estaba oprimiendo y ya no podía guardárselo más. Yo, como un eco, sentía todas esas emociones suyas como si fueran mías, dentro de mí. Embriagado. A veces, superado por ellas.

Empecé a sentir ese frío intenso que de niño padecía. ¿Otra vez? Hacía mucho tiempo que no me pasaba. Años. Sabía que era un espíritu que se estaba manifestando o que quería hacerlo. Es un tipo de frío especial, que te entra por todo el cuerpo y te empapa hasta los huesos. Un frío de hielo, pero que no duele. Un frío intenso muy agudo.

En ese momento me habló. No me dijo su nombre, pero me transmitió que era originario de esa localidad, de Richelieu, en Estados Unidos, recalcando esa última parte. Que él había sido el hijo del carnicero y que no se había suicidado. Que había sido asesinado. Me comunicó que la persona que dio la noticia de su desaparición, y que parecía muy compungida por su muerte (creo recordar que se trataba de un hombre de autoridad local, pero no con exactitud), había sido el asesino.

Sin casi darme tiempo de respirar, siguió hablando, esta vez repitiendo una y otra vez lo mismo: *Por dinero, por dinero, por dinero.* Una y otra vez. No conseguía hacerlo callar. Se me ocurrió decirle mental y directamente a él, que ya había recibido su mensaje y que se lo transmitiría a Harley cuando pudiera. Fue entonces cuando cesó. Como si el espíritu hubiera tenido la necesidad de hacer saber su historia al mundo y ya lo hubiera conseguido. Se había quitado un peso de encima y yo también lo sentí. Acto seguido, desaparecieron él y todas las imágenes y sensaciones que lo acompañaban.

Lo curioso fue que cuando abrí los ojos, me sentía en paz absoluta y en calma. Harley preguntó cómo nos encontrábamos y si habíamos tenido alguna experiencia. Varias personas, que por lo visto eran habituales de esa clase, comenzaron a compartir sus vivencias. Algunas de ellas muy intensas, y Harley intentaba ver si existía correlación con alguno de los allí presentes. Dijo que a veces los mensajes y las manifestaciones recibidos en el círculo pueden ser para personas sentadas en él y ajenos a la persona que los recibe, mientras que otras veces, los mensajes son para la persona receptora.

Con timidez, levanté la mano y esperé a que me dieran permiso para hablar. No podía explicar todo lo que yo quería decir, ni como quería hacerlo. Mi inglés era bueno en San Sebastián, pero aquí, con tantos nativos, no sonaba igual de fluido. Me faltaban palabras y expresiones para explicar lo vivido. Intenté hacer un resumen y contar lo acontecido. Pregunté en el círculo si existía en Quebec un lugar llamado Richelieu y descubrí que sí. De hecho, para mi sorpresa, se trataba de una ciudad situada en el área metropolitana de Montreal. Al escuchar eso, pensé que mi mente se lo había podido imaginar. Por lo general, no entendemos los mensajes de los espíritus, pero las personas que se supone deben recibirlos terminan descifrándolo. Algo en mi interior me animaba a seguir contándolo. Además, estaban las sensaciones y el frío. El mismo frío que sentía en aquellas ocasiones cuando era niño. ¿Sería ese un indicativo de que el mensaje era en realidad de los espíritus?

Pregunté en el círculo si alguien sabía si existía un Richelieu en Estados Unidos. Nadie parecía saberlo. Todo el mundo se extrañó cuando lo comenté. «No lo creo», decían algunos. «Me extraña», escuchaba decir a otros. En ese instante en el que iba a tirar la toalla y estaba pensando en que sería mejor no contar nada más y no hacer el ridículo, alguien habló. Una mujer que estaba frente a mí dijo: «Sí, lo hay». Hay un Richelieu en Francia y otro en Estados Unidos, en el estado de Kentucky concretamente. Yo no sabía con certeza dónde estaba Kentucky.

—Mi familia es originaria de allí —añadió.

Me quedé patidifuso. ¿Podría ser cierto? ¡Dios mío! Ahora tendré que decirle el mensaje (se lo había prometido al espíritu y sentía que debía hacerlo). Se lo conté. Le conté en mi inglés roto y de la forma más cariñosa posible lo que el espíritu me había trasmitido. Enseguida la mujer se echó a llorar de manera desgarradora. Todo el mundo se calló. Se hizo un silencio estremecedor en la sala. La mujer no paraba de llorar, y al verla así, estremeciéndose en su silla, el círculo se tensó mucho. La miraban a ella y me miraban a mí. «Vaya modo de estrenarme», pensaba. ¡Has hecho llorar a una persona!

La mujer empezó a secarse las lágrimas de la cara y me dijo de forma contundente:

—Gracias. No sé quién eres ni de dónde sales, pero acabas de solucionar uno de los mayores secretos de mi familia que ha estado atormentándonos a todos por varias generaciones.

Contó que, aunque no tenían mucha información, un primo suyo decidió estudiar el origen de su familia. Sabía que habían venido a Canadá desde Estados Unidos, pero no sabía nada más. Este primo descubrió que el antepasado que decidió venirse a Canadá había sido carnicero, que había llegado de manera precipitada y que había ocurrido una desgracia grande. Incluso, parece ser que ese hombre había sido acusado de asesinar a su hijo. Todos estos años habían conseguido saber poco más que eso y que venían de Kentucky. Sabían que sobre la familia y la historia de este antepasado suyo se cernía un gran secreto, que les atormentó lo suficiente como para escaparse a otro país con lo puesto, y que a ellos nunca dejó de perseguirlos. Siempre supieron que había algo raro y doloroso en la familia, pero nadie hablaba de ello. Este secretismo había creado mucho dolor y relaciones difíciles y de desconfianza entre los propios familiares. Este mensaje no solo aclaraba lo ocurrido, además, explicaba que el padre no había sido el asesino, y apuntaba pistas hacia la persona que podría haber sido la causante de esta muerte.

Después de esto, hicimos una pausa de cinco minutos, en la que la mujer se me acercó para darme las gracias y me abrazó. Me dijo entre lágrimas que no era consciente del peso que le había quitado de encima. La clase siguió con normalidad y realizamos una serie de ejercicios destinados a desarrollar los dones. Estoy seguro de que tanto la mujer, la familia, como el espíritu, recibieron mucha paz ese día.

Muchas de las cosas que sucedieron en aquella meditación marcaron para siempre mi vida y me ayudaron a tomar el rumbo de mi mediumnidad; no solo a entender cómo los espíritus pueden manifestarse, sino, además, a comprender cómo sucedía una comunicación. Dicha comunicación fue uno de esos momentos en los que nada sabes, pero todo lo comprendes. Me ayudó a establecer las bases de lo que después sería mi mediumnidad, facilitando todas las demás comunicaciones que tuve en el futuro tanto en Canadá como en otros lugares.

Comprendí que no tenía que ser como en una película. Hacía tiempo que no veía un espíritu tan claro. De niño lo hacía. Esta vez había sido algo muy parecido a cuando veía espíritus de niño, solo que esta vez no le vi de cuerpo entero. Primero se manifestaron las imágenes, después las sensaciones, y más tarde, el espíritu.

Es como si primero se fuera preparando el terreno para que después se pudiera dar la comunicación. Después de las imágenes, cuando el espíritu se me apareció, solo vi su cara, y más tarde fueron apareciendo sus hombros y su torso, hasta llegar a la cabeza. Aquel encuentro fue impresionante y me enseñó mucho. Me ayudaría a comprender el fenómeno de la mediumnidad y partes de la espiritualidad. Ya sabía por qué Marilyn me había mandado a esa clase.

A partir de entonces no me perdí ni una sola clase de los miércoles. Después de cada sesión, sobre las diez de la noche, nos íbamos todo el grupo a cenar algo por ahí. Se creó un hermoso vínculo y una bonita amistad con ese grupo en particular, que con la mayoría aún hoy mantengo. Fue la primera visión que tuve, sí, pero no fue la única. Tuve muchas más experiencias. No solo en clase de Harley, también en las de otros profesores, en los Oficios Espirituales, en los Círculos de Mensajes e incluso, muchas veces, cuando estaba en clase de yoga o simplemente relajado haciendo algo sin importancia. Sentía como si alguien hubiera apretado el acelerador. ¿Sería el lugar? ¿Serían las personas? ¿Sería que yo ya me había relajado y me dejaba llevar? Lo cierto es que aquellos dones no dejaban de manifestarse y yo estaba dispuesto a averiguar hasta dónde me llevarían.

No sé si Harley le comentó algo o fue simple intuición de ella. A los dos días de aquella clase, Marilyn me pidió que realizara consultas de mediumnidad en su centro una vez al mes. Le dije que no estaba preparado y que utilizaría las cartas, a lo que ella contestó:

—Por ahora, porque más tarde no las necesitarás.

Una vez al mes se celebraba por la tarde el Psychic Tea, un espacio en el que varias personas se dedicaban a «leer» por un módico precio a los asistentes. Era una manera de recaudar dinero para el centro. Faltaba tan solo una semana para mi primer Psychic Tea.

En mi diario escribí:

29 de abril de 2004

Querido diario:

Hoy ha sido la primera vez que he hecho consultas de tarot en Canadá. Hoy celebrábamos el Psychic Tea y he tenido cuatro consultas «sesión completa». Existe la posibilidad de reservar una miniconsulta de quince minutos u otra completa de media hora. La primera ha sido un poco extraña, ya sabes, hasta que empiezas a entender mejor el inglés... no sabía cómo decir palabras como cortar, mezclar o montón.

La segunda persona ha sido una señora jubilada, muy pintoresca. Su piel era negra como el tizón, muy delgada, el pelo «a lo afro» todo blanco, con unas gafas de pasta muy grandes de color dorado. Le he hecho la tirada general y han aparecido muchos datos y muchos detalles, la mujer parecía muy contenta.

Además, he hecho algo que solía hacer cuando leía las cartas años atrás. Me puse a mirar con firmeza una carta, con la mirada fija en un punto, mientras movía el dedo índice de mi mano derecha en círculos. Ahí me han empezado a venir imágenes, sensaciones, fechas y todo tipo de cosas. Sé que podría hacerlo sin el tarot, pero de momento no me siento seguro. Necesito el tarot como soporte.

Antes de terminar, la señora me ha dicho que deseaba hacer una consulta más, que el problema por el cual había cogido la cita, su mayor preocupación, no había aparecido. Me dijo que era un problema relacionado con su apartamento. Antes, en las cartas le había dicho ya que ella tenía o había tenido conflictos con los vecinos y que vivía con un señor. Ella no había dicho nada respecto a esto.

Al hacer esta pregunta, la sensación interior me apuntó de nuevo hacia ese tema. Sentía que el problema tenía que ver con un hombre. Abrí las cartas con una tirada diferente y vi a dos personas: un hombre y una mujer. En mi opinión una era ella, y la otra representaba a este señor. Mirando las cartas, me venía la sensación de que este señor la estaba molestando. Que le perturbaba mucho.

Le he comentado la situación y le he dicho que ella deseaba librarse de él, pero que él no quería marcharse. Pensaba que se trataba de una pareja o incluso de un compañero de piso, pero nunca pensé que la señora me diría lo que me dijo. Le comenté que esta situación podría alargarse si no se resolvía rápido y que ella debería hablar con él. Que él no la escuchaba. Que debía ser concisa y explicarle bien cómo él la hacía sentir. Decirle cuán incómoda se sentía con esta situación, solicitarle que cambiara de hábitos o que debería marcharse.

—En ese apartamento vivo yo sola —dijo la señora.

—¡Ah! ¿Entonces tiene otro donde vive un inquilino varón? —le pregunté con curiosidad.

—¡No! ¡Le repito que vivo sola! —contestó la mujer un tanto airada.

En las cartas, se representaba como un hombre de carne y hueso, no se diferenciaba de ninguna de las otras tiradas que yo había hecho en otras ocasiones.

—¿Cómo que usted sola? —le repliqué—: ¡Si estoy viendo aquí claramente que hay un hombre con usted! Además, usted está cansada de él, no la deja en paz, le molesta, ¡usted está total y completamente harta de él! (lo veía tan claro...) ¡Sola no vive!

La mujer callaba. Miraba con firmeza a las cartas (cualquiera podía ver las figuras de un hombre

y una mujer), después me miraba a mí. Creo, que-
rido diario, que la mujer estaba intentando asimi-
lar aquella información, que estaba intentando dar
sentido a todo aquello. Alzando la cabeza de las car-
tas, me miró, se cruzó de brazos y se reacomodó en
la silla. Con un largo suspiro que denotaba cierto
hastío, me dijo en inglés:

—It's an attachment.

¿Qué era eso? Attachment? No había oído nun-
ca esa palabra.

Al preguntarle, la mujer me explicó que se tra-
taba del espíritu de un hombre que estaba aferrado
a la casa. Me quería morir. Nunca en la vida pensé
que me tocaría un caso así. Esto sí que es entrar en
harina al doscientos por cien. Yo quería hacerle una
consulta sencilla de tarot: amor, dinero, familia... lo
típico. ¡No estaba preparado para esto! ¡Eran pala-
bras mayores para mí! Como luego aprendí, la vida
te presenta lo que necesitas saber en cada momento.

La señora me contó que había un espíritu de un
hombre en su casa. Hacía ruido, encendía aparatos
electrónicos, daba golpes en las paredes y no la deja-
ba dormir. No sabía qué decir, ni qué hacer. Se me
ocurrió rezar. Le agarré las manos y rezamos una
oración.

En ese momento, al estar agarrando sus manos,
me vino la idea de que rezara. Que lo que tenía que
hacer era rezar y pedir a lo más elevado de la luz

blanca que viniera en su ayuda. De pronto, todo lo que salía en las cartas tenía sentido. La pareja, el hombre que no la escuchaba, ¡todo! ELLA VIVÍA SOLA, PERO NO ESTABA SOLA. Siguiendo el consejo de las cartas, le dije que sería importante hablar con él directamente y hacerle saber cómo le hacía sentir.

Me dio pena porque me hubiera gustado estar más tiempo con ella, pero ya había personas que habían reservado cita y estaban esperando entrar para hacer su consulta. Nunca más la volví a ver.

La tercera cita fue un chico joven, y después, la última, una señora portuguesa.

Esta ha sido la mejor. Yo percibía y sentía cosas que no aparecían en las cartas ni por asomo, pero que se aplicaban a la vida de la mujer. Además, cuando no sabía cómo algo se decía en inglés, lo hacía en castellano y ella me comprendía. ¡Ha sido genial! Ha quedado muy contenta y yo también.

Estas consultas me han ayudado, reconfortado y alegrado mucho.

Le he comentado a Marilyn que cuente conmigo para todos los Psychic Tea, que yo a partir de ahora quiero leer las cartas una vez al mes.

Otra persona, adjunta al centro, me ha dicho que me va a poner a dar mensajes en los círculos de los sábados y también en los Oficios Espirituales. Pero ¿cómo voy a hacer eso yo? ¿Dar mensajes de pie con el tarot en la mano? No creo que pueda ha-

cerlo. Dar mensajes tan seguidos, y tan rápido, no sé, no creo que sea lo mío, querido diario. No es mi esti-lo. Yo necesito mi privacidad, una mesa y mi tiempo.

~~~~~~

Para mi sorpresa no solo pude dar mensajes y realizar lo que se me pedía, sino que, además, me sentía como pez en el agua al hacerlo. El miedo a no saberlo hacer, a no dar la talla, a fallar, se convirtió rápidamente en respeto, y poco a poco fue diluyéndose y yo fui adquiriendo más seguridad.

En pocas semanas me convertí en una de las personas más solicitadas en círculos de mensajes, en oficios y en demostraciones públicas. Enseguida me pusieron a dar clases de tarot. Además de los Psychic Tea, y por demanda de los propios usuarios, empecé a hacer consultas de manera regular. Mi camino como médium acababa de empezar.

Capítulo siete

EL REGRESO

LLEVABA SEMANAS SINTIÉNDOME BASTANTE TRISTE y de-
caído. Algo no iba bien. Mi alegría y jovialidad naturales parecían haber disminuido en intensidad consi-
derablemente. Esa ilusión y alegría que antes sentía se
habían esfumado. Al principio se lo achaqué al largo
invierno. Había sido mi segundo invierno en Canadá,
con temperaturas de hasta -40 °C. Pero el frío no era el
problema, una vez que el termómetro bajaba de -10 °C
o -12 °C, apenas notabas la diferencia. Los grados en
la escala de un termómetro eran más una barrera mental que una sensación real. Los abrigos, los gorros, los
guantes y las botas nos ayudaban a movernos en la ciudad. Me adapté, o eso creía.

Algo bastante tedioso a lo que me costaba adaptarme, algo que sí afectaba de manera profunda, al menos a
mí, era la duración del invierno. El frío llegaba a finales
de septiembre o principios de octubre y duraba hasta el
deshielo en abril. De forma clara, había cuatro estacio-
nes bien diferenciadas, pero la verdad es que el cambio
de una estación a otra llegaba de golpe, sin avisar, sin
que casi pudieras adaptarte a él. De un momento a otro,
el frío llegaba para quedarse durante seis o siete meses.

La sensación de frío intenso, la falta de luz y la aridez de la estación penetraban profundamente en tus huesos. La extensión de la estación hacía que esta sensación penetrara y afectara aún más. Achaqué mi cambio de ánimo a eso.

Ya en mi primer invierno había aprendido. Sabía que era importante tomar complejos vitamínicos para contrarrestar la falta de luz. En concreto la vitamina B completa y la vitamina D. Así lo hice. Estuve tomando mis vitaminas todos esos meses, había hecho bien las tareas y me había cuidado. Sin embargo, una sensación de pena, de tristeza profunda, que me acompañaba hacía bastante y no se marchaba al pasar los días.

No era depresión, no era eso, lo sabía. Lo que padecía era algo aún más profundo. Por primera vez sentía como si estuviera fuera de lugar. No hacía las cosas, ni participaba en los eventos con alegría como antes. Esa euforia previa había desaparecido. «Es normal —me decían mis compañeros—. Llevas mucho tiempo aquí y eso se nota.» Disfrutaba cuando estaba en un círculo o cuando daba mensajes, pero era distinto, algo había cambiado en mí. Sentía como si algo hubiera terminado, como si el universo quisiera que buscara otros rumbos.

~~~~~~~~~~~~~~~~~~~~~~~~~~~~

Cada vez que tenía esas sensaciones,
me las quitaba de la cabeza. Pensaba que eran
«cosas mías». Cuando tenía esos pensamientos,
que llegaban cada vez con más asiduidad,
me convencía de que no debía darles mayor
trascendencia y de que solo estaban en mi mente.

~~~~~~~~~~~~~~~~~~~~~~~~~~~~

Con el tiempo me había convertido en uno de los psíquicos más populares del instituto. Mis círculos de mensaje se llenaban, mis clases eran bastante numerosas, tenía consultas privadas de forma regular todas las semanas y los eventos y oficios espirituales en los que participaba se solían llenar. Era afortunado y lo sabía. Estaba siendo el protagonista de la mejor película de mi vida, se trataba de un sueño hecho realidad y era feliz con ello, o al menos, debería serlo. Esta fue una de las razones por las que me autoconvencía de que esos pensamientos, esa apatía o esas sensaciones eran fruto de mi mente y de que pasarían.

Las semanas transcurrían, el invierno se había quedado lejos y la sensación no solo no se había ido, sino que se había hecho mucho más aguda. Ya no podía achacársela al invierno, estábamos en julio. En abril había recibido mi extensión de visado de turista. En Canadá, los visados de turista tienen una extensión de seis meses. Podría quedarme hasta septiembre y después tendría que pedir otra extensión más. Ya la última vez me había costado, habían tardado bastante en contestarme debido a que había solicitado ya tres veces el mismo tipo de visado. Sobre la mesa, existía la posibilidad de que pudiera pedir un visado de estancia permanente. Había mirado las opciones, parecía que pudiera ser viable, aunque complicado. Eso me ilusionaba. Si me quedaba, Canadá se convertiría en mi hogar, quizá ¿para siempre?

Recuerdo a la perfección que era verano, porque hacía mucho calor. Montreal es así, en invierno tienes muchísimos días de más de –30 °C, y en verano, al revés, días interminables de 30 °C o más.

Recuerdo que hacía calor, mucho calor. Las conferencias internacionales del IIIHS, fundadas por Marilyn Rossner y su marido John, donde se aúnan ciencia, espiritualidad y religión, ya habían pasado. Ese solía ser el punto más álgido del año. Las semanas y los días previos a él solían ser extremadamente frenéticos, para dar paso a la calma más absoluta después y una vuelta a la rutina. Estábamos en esa rutina.

Como parte de mis labores de voluntariado de esas veinticinco horas semanales que cada voluntario debía realizar a cambio de la estancia, me asignaron pintar el baño de arriba. En el último piso hacía mucho calor en verano y mucho frío en invierno. Supongo que, al tratarse de una casa de estilo victoriano, la parte bajo el tejado no estaría todo lo bien aislada que debería. Estas temperaturas se hacían especialmente notorias en el baño.

Se trataba de un baño grande, con una de esas bañeras con patas que se apoyan sobre el suelo. Las paredes estaban recubiertas de madera. El suelo era uno de los pocos lugares de la casa que no tenía moqueta; habían instalado una especie de madera plastificada que imitaba a la baldosa. En el centro del techo había una gran claraboya: una ventana a casi tres metros de altura, que dejaba pasar la luz y desde donde veía las estrellas mientras me tomaba un baño en los días de tormentas de nieve. Era un baño especial, pero en el que hacía un calor endemoniado.

Aquel proyecto me gustaba. Uno de los primeros proyectos que me asignaron cuando llegué fue el de pintar con colores vivos las escaleras de la entrada. Había que hacerlo cada verano y me gustó. Nunca había pintado nada hasta que fui a Canadá. Fue un reto. Las escaleras las coloreamos entre varias personas y al ser en el exterior, no importaba que no quedaran perfectas. En el interior del baño, tendría que esmerarme más.

Recuerdo la sensación de bochorno pegajoso cuando puse el plástico protector cubriendo el suelo para darle las tres capas de pintura, al igual que recuerdo cómo sudaba la «gota gorda» subido sobre una escalera, y un palo largo para poder llegar hasta el lucero. La sensación era parecida a la del interior de un invernadero. Calor espeso, viscoso, denso...

Pintar el baño me vino bien, estaba distraído, era una labor diferente a lo que me mandaban por lo general; me gustaba. Sin embargo, esa sensación de tristeza profunda no me abandonaba. Se había alojado en lo más profundo de mis entrañas, en lo más recóndito de mi ser. No conseguía librarme de ello.

No se trataba de un mensaje de los espíritus, al menos la sensación era distinta a todas las que había tenido antes. Si se trataba de un mensaje, ¿qué era lo que se me estaba intentado transmitir? ¿Cuál era el mensaje? Cuando eres «clarisentiente» y sientes que alguien va a morir o una desgracia va a ocurrir, puedes experimentar esa tristeza de forma que parezca que es la tuya propia. Pensé que quizá pudiera ser algo así, pero al ver que las semanas iban pasando y que se agudizaba, en lugar de disminuir, entendí que era algo distinto. Comprendí que era algo interior y personal mío que me competía solo a mí.

Pero ¿qué era? Estaba viviendo mi sueño, tenía cierta popularidad y había adquirido el respeto de mis compañeros y del público. En el horizonte, se alumbraba la posibilidad de quedarme definitivamente haciendo lo que más me gustaba en aquel maravilloso país... No tenía (al menos no de modo consciente) motivos para sentirme así.

Decidí hacer algo que solía hacer cuando tenía dudas sobre un tema y no podía ver con claridad el mensaje: pedir respuestas al universo. Hacía tiempo que no lo había hecho. En ocasiones solía lanzar una pregunta antes de salir de casa, del tipo: si la respuesta a esta pregunta es un «sí», que llueva o granice hoy o se levanten las nubes. Otras veces, encendía la radio, y con los ojos cerrados, movía la ruedecilla del dial de un lado para otro, lanzando la pregunta justo antes de parar la rueda en un dial. Lo que fuera que estuvieran diciendo en ese momento, sería la respuesta.

Luego estaba el juego de las canciones. Se trataba de algo similar al juego de las emisoras de radio, pero en esta ocasión con listas de cientos de canciones. Elegía una lista de canciones, la ponía en modo aleatorio, formulaba mi pregunta en voz alta y esperaba a ver qué canción sonaba; esa sería mi respuesta: la letra de la canción. No sé si es un método fiable o ni siquiera si es recomendado hacer esto, pero a mí me había funcionado toda mi vida.

Pedir respuestas al universo es fácil, pero interpretarlas no tanto. Debes estar muy atento para saberlas reconocer, para poderlas identificar y traducir. Es fácil caer en la tentación de intentar acomodar la respuesta a los deseos personales.

Decidí ejecutar el juego de la radio. Al hacerlo, se paró en una emisora de habla inglesa que solía oír con bastante asiduidad. Me encantaba escuchar los programas de tertulia y debate sobre diversos temas locales que emitían por las mañanas o programas de misterio por las noches. En esta ocasión, al ser por la mañana, esperaba oír un debate o alguna voz de algún locutor explicando algo. No fue así. Cuando la rueda paró y se sintonizó la emisora, en la radio estaba sonando la canción *Home* del cantante canadiense Michael Bublé, que decía: «Otro día de verano ha venido y se ha ido, en París y Roma, pero yo quiero irme a casa. Tal vez rodeado de un millón de personas y todavía me siento solo. Te extraño».

Cuando escuché esa letra, me estremecí. Parecía que me estaba hablando a mí directamente. ¿Sería eso lo que el universo me estaba intentando dar a comprender? ¿Es que me sentía solo? Lo cierto es que sentía que tenía sentido, al menos en parte, y que sí, que pudiera ser, que la sensación que tenía fuera la de soledad. Una soledad que nada ni nadie puede llenar y que tiene que venir de dentro. No conocía la canción, pero sentía que le hablaba de un modo directo a mi corazón.

La canción continuaba así: «Otro avión, otro lugar soleado. Tengo suerte, lo sé, pero quiero irme a casa... tengo que irme a casa. Déjame ir a casa. Estoy demasiado lejos desde donde tú estás, quiero volver a casa». Hacía mucho tiempo que no había utilizado este método, esta vez creo que fue la primera vez que sentí que me hablaban de forma tan clara a mi propio ser. Tenía que volver a casa, pero... ahora que tenía todo lo que había querido, que tenía la posibilidad de quedarme en Canadá, ¿volver? No había pasado por mi cabeza en ningún momento. Me resistí a hacer caso a esa canción y me dije a mí mismo que no tenía importancia, que no era real, que era una tontería o fruto de una casualidad; seguí pintando como si nada.

Desde aquel instante, esa canción me persiguió a todas partes. Todos los días, mientras pintaba, pedía una señal al universo, y encendía la radio y estaba sonando *Home*, o al rato sonaba. O mi compañera de piso la ponía bien fuerte, o al hacer el juego de la rueda volvía a salir. Si no se escuchaba la canción directamente, me encontraba con que, o alguien hablaba sobre el cantante Bublé en ese momento, o comentaban un concierto suyo y decían: «sí, mi canción favorita suya es... *Home*». Justo en ese instante en el que yo pedía un mensaje se escuchaba o nombraba de manera directa y clara la canción que tanto me hacía pensar.

En una de las ocasiones, no recuerdo qué emisora salió, creo que fue una emisora en francés de Radio Québec. El presentador estaba hablando y pensé que había tenido suerte de que no se escuchara esa canción, pero en ese segundo, y sin que ninguna mano ni ninguna persona tocara el aparato, la emisión se detuvo. Se escuchó ruido blanco como cuando se va la emisión, y al volver, estaba sonando la canción.

Aquello me dejó muy pensativo durante todo el tiempo que permanecí en Canadá, pero no podía ser que esa fuera la respuesta a mis sensaciones y a la pregunta que le realicé al universo. No deseaba volver, no quería aceptarlo. Sin percatarme de que cuando la vida tiene un plan es inútil resistirse, comencé a intentar cambiar esa realidad y a proyectar un futuro distinto, uno mejor. Pero la sensación seguía ahí, y Michael Bublé y su canción parecían haber decidido aparecérseme a cada rato.

Aunque la sensación de tristeza profunda y la idea de volver a casa seguían presentes (al igual que lo hacía la canción), aprendía a mirar a otro lado. Algo que nunca debe hacerse con las señales. Habían ocurrido algunos malentendidos con mis compañeros de piso, nada serio que una conversación sincera no pudiera arreglar, pero yo, cada vez sentía con más fuerza la llamada de regresar.

Como cuando no escuchas y no atiendes a las señales, es el propio universo el que decide por ti, ese también fue mi caso. Cuando llegaron septiembre y la hora de renovar el visado, me encontré con muchísimas dificultades. Trabas y problemas que se multiplicaban. Cada paso que daba, cada papel o formulario que rellenaba, hacía que aquella situación fuera complicándose cada vez más. Finalmente, vino la carta que nunca hubiera querido abrir. El Gobierno canadiense creía que no tenía suficientes méritos para seguir quedándome en el país. Debía regresar y, una vez en España, si así lo deseaba, tramitar mi futura estadía desde allí. Se me puso fecha para salir, y en el aeropuerto, debía contactar con un agente de inmigración que me acompañaría hasta la puerta de embarque y se aseguraría de que definitivamente entrara en aquel avión.

Una vez que leí la carta, sentí una total y absoluta liberación. Aquella alegría y jovialidad que había perdido volvieron con fuerza. «Tenía razón Michael Bublé», pensé. La frase «déjame ir a casa» sonaba sin cesar y con fuerza en mi mente, y hasta recuperé la ilusión. Ahora solo me quedaba ver cómo iba a decírselo a Marilyn; sabía que no iba a tomárselo bien, y cómo hacer para llevarme conmigo las cosas acumuladas durante dos años y medio.

El destino quiso que a uno de los eventos que organizábamos se acercara un piloto. En esos momentos no estaba trabajando porque se había tomado un tiempo sabático y quería aprender sobre espiritualidad. En un instante de la conversación, él comenzó a hablar de una aerolínea de bajo coste para la que había trabajado.

—Está muy bien —comentó—: Si no tienes prisa o no tienes una fecha exacta, tienen buenos precios, solo que no vuelan todos los días.

Al regresar al centro busqué vuelos en la página web de esta empresa y encontré que el siguiente a Europa sería en diez días. ¡No me lo podía creer! Parecía que el universo en realidad quería que me fuera. No tenía dinero ni manera de conseguir pagar un billete regular, pero aquel billete, en aquel día y horario, se ajustaba perfectamente a mi presupuesto. No podía dejar pasar esta oportunidad. Hablé con mi familia para que me ayudaran a pagarlo, y, pese a que no apoyaban mucho mi idea de volver, lo compré.

—Estoy siguiendo las señales —les dije—: En realidad creo que mi misión aquí de momento ha terminado. El universo quiere que vuelva.

Mis padres finalmente lo entendieron.

Dejé pasar dos o tres días sin decírselo a Marilyn. No me atrevía, pero solo quedaba algo más de una semana y no podía esperar más. Tenía que contarle mi decisión. Un día, cuando llegó de su paseo matutino, la esperé en la cocina y le hice el café como a ella le gustaba: oscuro, pero no demasiado fuerte. La acompañé a su despacho y comenzamos a hablar de planes para que yo fuera a la universidad y tomara algunas clases. Ella me apoyaría y costearía esos cursos. Mientras me hablaba del futuro que tenía pensado para mí, para nosotros, veía cómo sus ojos brillaban de ilusión. Sentía pánico de comentarle lo que estaba a punto de decir. No quería decepcionarla, ni tampoco hacerle daño. Pero sentía que debía irme, que las cosas habían cambiado en mí y para mí, y que encontraría alguna opción nueva en mi país para seguir con esta labor. Cuando le dije que me marcharía, no reaccionó. Tartamudeando, preguntó:

—¿Quién? ¿Quién se va?

Con la voz más cariñosa que pudo salirme le dije que era yo. Le expliqué por qué. Ella se quedó en silencio por unos segundos. Pero añadió con voz temblorosa: «Ese día yo no estoy. Nos vamos a Chesterfield y no estaré». Aunque me pesaba marcharme sin que ella estuviera, no podía desaprovechar ese billete. Después de una larguísima conversación y de intentar hacerme cambiar de opinión, al fin, se dio por vencida.

—Aunque te marches no podemos dejar que la distancia nos separe —me dijo—. Tú y yo debemos hacer muchas cosas juntos, y debemos apoyarnos el uno al otro. Aunque esta decisión me duele, lo comprendo y sabes que tienes la puerta siempre abierta. Esta es tu casa.

Nunca podré olvidar el abrazo que me dio cuando se fue a Chesterfield. Creo que desde ese momento y hasta el instante en el que me marché, me estuvo llamando cada cinco minutos. A veces solo para revisar cómo estaba, qué hacía, para saber de mí. En cuanto bajaba la guardia volvían las preguntas. ¿Estás seguro? ¿De verdad es esto lo que tú quieres? Hasta el último segundo intentó hacerme cambiar de opinión. Lo cierto era que yo no quería irme de allí y no estaba seguro de cómo haría para seguir con aquella misión fuera de Montreal, pero sabía que aquel ciclo había terminado. Hoy en día voy a Montreal con frecuencia, la considero mi segunda casa, pero esta vez a enseñar y como parte de la organización. Con el tiempo mi vínculo con Marilyn no solo no se rompió, sino que se hizo millones de veces más fuerte.

El regreso a España fue extraño y bastante difícil. Me sentía encarcelado, atrapado en un mundo que, en mi opinión, ya no era el mío. Sentía que yo no tenía nada en común con el pasado que dejé, y aunque se esforzaban, no creo que mi familia y amigos comprendieran lo que sentía. Por un lado, mi sensibilidad parecía haberse aumentado por miles de decibelios. Sentía que todo me afectaba más y que todos mis sentidos se encontraban a flor de piel. Sobre todo, en lo que se refiere a la audición, mi intensidad se había multiplicado. Me costaba caminar por la ciudad o ir en el coche con mis padres; la radio alta de mi padre o las voces elevadas de las conversaciones de las personas me afectaban sobremanera. Todo aquello que anteriormente había sido «normal» y que ni siquiera me daba cuenta de que estaba, ahora me llegaba más hondo. Eso sin hablar de las bocinas, los ruidos de los motores, los camiones, etcétera, todo parecía haberse intensificado.

Tuve que aprender a funcionar de nuevo en la realidad en la que estaba ahora. Después de dos años y medio metido en un centro donde se meditaba, se hacían prácticas de silencio y clases relacionados con la sanación o la mejora de la percepción y de los dones, y donde todos mis amigos estaban familiarizados con dichas prácticas, me sentía como si me hubieran arrojado a los leones. En realidad, los demás no habían cambiado, no al menos fuera de lo que una persona se transforma a lo largo del curso de su vida terrenal. Yo había cambiado. Era yo el que ahora era y/o estaba «distinto». Muchas personas me lo decían, «estás... distinto...».

Al caminar por la calle tenía la percepción de que las personas sabían cómo me sentía y me parecía que me miraban raro. Además de todo esto, tenía que enfrentarme a mi nueva realidad financiera. Durante este tiempo, viví con lo justo. El dinero que yo tenía para ocho meses duró cuatro, y viví todo ese tiempo con lo que el universo me iba dando. Mis padres no podían ayudarme mucho económicamente, pero durante mi estancia en Canadá, siempre tuve lo necesario. Me iba llegando lo que necesitaba, según lo iba requiriendo. Alguien me hacía la compra, me invitaba al cine o a cenar. Incluso, uno de los inviernos, una pareja de dentistas italianos me regaló toda la ropa para el invierno, incluidos botas y abrigos. Allí me sentía protegido, arropado, que nada nunca podía hacerme mal, que estaba seguro. Sin embargo, ahora, me sentía algo desamparado. Ya no me sentía solo, mi sensación interior había mejorado, pero como un joven que por primera vez sale de casa de sus padres para independizarse y se encuentra con situaciones inesperadas que debe resolver sin ayuda externa.

También percibía que todo esto era una lección en la que el universo me pedía que confiara. Sabía que si yo me había estado sintiendo de aquella manera durante tanto tiempo, y si había recibido los mensajes de regresar y había habido una imposibilidad de renovar mi visado, debía haber alguna razón de fuerza mayor que me estuviera guiando. Sabía que debía confiar y lo hacía; aquello me tranquilizaba. Había regresado por algún motivo, no sabía cuál, pero debía existir alguno.

En mi mente seguía presente la idea de tramitar mi visa y de volver al otro lado del charco, pero de momento debía solucionar asuntos varios, entre ellos los financieros. Muchas de las personas a las que había ayudado antes de marcharme, aunque no todos, parecían haberse olvidado de mí y de lo que había hecho por ellas. No tenía dinero, ni había perspectivas de cómo ganarlo. Confiando en el plan del universo, vivía el día a día rezando y pidiendo mensajes de ayuda. Mi familia y mis amigos me apoyaron siempre, de manera incondicional, pero había cosas que debía resolverlas yo solo. Pensando que la vida que había dejado atrás, la vida del Mikel anterior, podría aún servirme, regresé a la habitación alquilada en la que residía antes de irme, solo que no tenía cómo pagarla. Es cierto que podría haber regresado a la casa familiar y compartir con mis padres, pero no lo hice. Quería ganarme las habichuelas yo mismo. Pronto me di cuenta de que la vida que había tenido anteriormente ya no me servía, que ya no me llenaba, que no era para mí.

Al marcharme, me había ido con unos planes que, ahora al regresar, parecían haberse esfumado. Se me hizo muy difícil. Quería dedicarme a hacer consultas y a ayudar a las personas a través de la mediumnidad, pero eso me iba a llevar un tiempo. ¿Cómo iba a hacerlo? Necesitaba algo rápido para pagar la deuda de la tarjeta Visa, ponerme al día con los gastos y poder hacer mi vida. Se me ocurrió llamar a la compañía en la que había estado trabajando. Se trataba de una empresa de telefonía para atender llamadas entrantes y realizar trabajos de facturación. Teniendo aquello ya fijo, podría hacer consultas en los horarios que me quedaran libres.

Esta fue una gran lección para mí.

En mi interior sentía, como siempre lo había hecho, que debía confiar en el universo, que él me iría guiando y que podría dedicarme a lo que deseaba y era en realidad mi destino. Sin embargo, el miedo me pudo. Miedo a no poder pagar. Miedo a fallar. Miedo a que todo aquello no hubiera servido para nada. Soy consciente de que si le hubiera hecho caso al universo y a mis sensaciones, nada de lo que después ocurrió hubiera sucedido.

En la empresa enseguida me dieron la bienvenida y me dijeron que tendrían un lugar para mí. Trabajaría una semana por la mañana y otra por la tarde, en horario continuo. Eso me permitiría hacer consultas el tiempo que me quedara libre. Hice una formación de quince días para volverme a habituar a la empresa y empecé a trabajar. Los compañeros me recibieron con los brazos abiertos, estaban contentos de volverme a tener allí, al igual que mis jefes, pero yo había cambiado. Mi mundo, mis prioridades, mi percepción, mi ser interior, todo yo había mutado. Estaba feliz. Parecía que las cosas me iban bien y empezaban a funcionar. Incluso conseguí ahorrar un poquito de dinero a fin de dar la entrada para comprar un pequeño coche. Estaba trabajando, pagando facturas; conseguí ahorrar algo y todo parecía fluir. Todo, menos yo.

Me sentía por completo foráneo en mi tierra. Un *outsider,* como se diría ahora. Echaba de menos las clases de yoga, de meditación, de intuición, y las de mediumnidad. También, los Oficios Espirituales y los Círculos de Mensajes. No tenía ni una sola consulta, y eso me hacía presentir que algo no iba bien. En Montreal había conseguido hacerme cierto nombre, tenía unas cuantas consultas semanales, y mis clases y círculos siempre estaban llenos. Algo no iba bien, estaba fuera de lugar. Ese algo era yo, y lo peor es que yo lo sabía. No quería que la rutina y la vida diaria me arrastraran a lo conocido y a lo cómodo, pero no sabía cómo salir de esa rueda que gira y gira arrastrándote sin darte cuenta. Estaba agradecido de tener un trabajo, de poder pagar mi habitación, los recibos, etcétera, pero no quería quedarme en eso. Aquello que había sido en un comienzo un salvavidas, se estaba convirtiendo en poco tiempo en una especie de ancla. Tenía que hacer algo para no quedarme atrapado en ese tipo de vida y debía reencauzarla hacia lo que en realidad me gustaba, lo que había aprendido en Montreal y lo que sabía que era mi destino. Pero ¿cómo hacerlo?

Por una parte, me estaba costando adaptarme a ese mundo, a ese ritmo de vida y a esa realidad, pero por otra, parecía, al menos desde el exterior, que las cosas habían empezado a ir bien. Yo sabía que aquello a lo que me estaba dedicando no era mi destino, que no era para mí. Que debía hacer algo para cambiar eso. Quizá, como mi intuición me decía, debía haber esperado y dejado llevar por la sensación de tranquilidad, y no haber cogido ese trabajo. Quizá, si me hubiera ido a casa de mis padres e instalado allí hasta asentarme, hubiera sido más fácil. No sé. Supongo que me pudieron los dogmas y las prisas. También pienso que todo era parte de un plan de aprendizaje que el universo me tenía guardado.

Si no recuerdo mal, era el 21 de enero del 2007 cuando todo comenzó a cambiar. Hay un dicho que afirma que de una cosa mala, siempre puede haber un resultado positivo, y desde luego, en mi caso es muy cierto. Regresaba de Azpeitia, pueblo natal de mi madre, donde había asistido con toda la familia a la misa recordatorio en memoria de mi abuelo materno. Habíamos comido en familia y los demás se quedaron disfrutando de la sobremesa. Yo me fui porque había quedado en ver a unos amigos de vuelta en San Sebastián. Desde mi regreso apenas los había visto y tenía ganas de pasar tiempo con ellos.

La lluvia y el viento que arreciaban apenas dejaban algo de visibilidad en la carretera. Llovía a cántaros y el viento soplaba con fuerza y de lado, tanto, que en algunas ocasiones mi pequeño y frágil coche nuevo se había zarandeado. Era pequeño y tenía poco peso, al parecer la lluvia y el viento lo afectaban mucho. Aunque era nuevo, tenía unas ruedas muy finas y bastante enclenques.

Mi hermano mayor insistió en que me quedara con él a tomar algo, pero decidí marcharme. De camino a San Sebastián tomé la autopista y, aunque con muchas dificultades de visibilidad, pude circular medianamente bien. Como siempre hacía cuando me sentía en peligro o con miedo, puse la música de los *Satsang* de yoga. Repitiendo mantras y bendiciones, me sentía más protegido. Tomé la salida de la autopista y cogí la carretera regional. En este punto, el viento soplaba aún más fuerte y llovía con mayor virulencia. Todos los conductores aminoraron la marcha, y yo también.

No sé qué pasó, o cómo fue. De repente, sentí un fuerte golpe hacia el costado y caí en la cuneta. Parecía haber sido un golpe de viento. Debería haber parado en aquel mismo instante, pero mi inexperiencia jugó en mi contra. Decidí seguir con la marcha y sacar el coche de allí. Al hacerlo, perdí el control total del vehículo. De frente a mí, parado en la carretera, había un gran todoterreno, que, viendo lo que me había sucedido, había decidido detenerse. En ese momento, yo me encontraba ocupando el carril contrario al sentido de la marcha. Iba circulando despacio, pero a considerable velocidad. Veía el todoterreno delante parado. Quería cambiar de dirección, quería salir de allí, parar, algo. Los nervios se habían apoderado de mí y jugaban en mi contra. Mi coche parecía no querer obedecerme. En el último instante pensé que lo mejor sería rezar, que el choque frontal era inevitable y que nada podía librarme de ello. Hubiera sido desastroso para mí, probablemente con consecuencias fatales graves, mi pequeño coche empotrándose contra aquel gigantesco todoterreno. Comencé a rezarle a todo el que me acordaba, desde Ganesha hasta mi abuelo, pasando por la Virgen y los ángeles. Pedía ayuda. Socorro. El desenlace parecía fatal. Cuando estaba a escasos metros del otro vehículo, sentí que algo se posó sobre mí. Sentí la presencia de un espíritu que, aunque se me hacía familiar, no reconocí en aquel momento. Sentí que ese espíritu agarró el volante y, como por arte de magia (o debería decir por parte de un espíritu), en el último milisegundo mi coche dio un giro golpeando al vehículo que tenía delante con la parte trasera izquierda. El choque fue bastante fuerte, aún recuerdo el estruendo que escuché. Nunca lo olvidaré. Yo y mi coche salimos despedidos. Debió de ser un fuerte impacto viendo cómo quedó el mío, pero al menos no fue un golpe frontal. Alguien, en el último instante y ya cuando estaba a punto de golpearme con el otro, intervino y me ayudó a que el choque fuera menor.

Tuve algunas fracturas menores y un esguince cervical bastante severo que aún, a veces, se resiente con los cambios del tiempo. «¡Solo hacía cuatro meses que tenía el coche!», pensaba mientras la ambulancia me llevaba al hospital. No me importaba mi salud, solo la de los ocupantes del otro vehículo.

Gracias a Dios los del otro coche no tuvieron más que pequeñas contusiones. A mí me dieron un mínimo de seis meses sin trabajar. Órdenes del médico. Me había quedado un pequeño sueldo, que apenas alcanzaba para la mitad del alquiler que debía pagar, y, además, según pasaran los meses, me iría disminuyendo. El cielo tenía un plan para mí, aunque yo entonces aún no lo sabía.

Tuve que llevar collarín y acudir a rehabilitación. Nunca sané del todo y aún la zona se me resiente bastante. El sueldo que me había quedado no era suficiente para pagar mis gastos habituales; no llegaba ni siquiera a la mitad de lo que yo necesitaría. Estaba empezando a desesperarme, cuando escuché una voz en mi interior que me mandaba tranquilidad. *Calma*, me decía. Y escuchaba que añadían: *nosotros te cuidamos la espalda*.

Decidí hacerle caso y, al contrario de otras veces, seguir esa guía. Además, ¿qué otra opción me quedaba? Decidí relajarme y confiar, aunque no sabía cómo podría siquiera subsistir. Ocurrieron pequeñas sincronicidades a las que yo llamo «pequeños milagros». Cuando no tenía qué comer, algún vecino me decía que le habían

sobrado tomates de la huerta, otro que había hecho biz-
cocho y que su hija no lo quería, y me lo ofrecían a mí.
Ellos no sabían cuál era mi situación, pero justo cuando
lo necesitaba, llegaban esas ayudas.

Lo curioso es que no estaba nervioso. En mi mente había intranquilidad por ver cómo yo iba a solven-
tar aquello, pero en mi corazón solo había paz. Nada
más que paz. Llevaba dos o tres semanas de permiso
por baja médica. Mi rutina era bastante normal. Por
las mañanas acudía al centro de rehabilitación donde
me masajeaban y trataban las diversas dolencias, hacía
algún que otro recado, y, por la tarde, básicamente estaba en casa. Era una de esas tardes en las que estaba
en casa. Mis compañeros de piso estaban trabajando,
cuando el timbre de la puerta sonó. Me llamó la atención que no fue el timbre de abajo, el de la puerta principal, sino justo el de mi apartamento. Pensé que quizá
sería algún vecino.

Abrí la puerta en pijama y allí estaba: mi salvadora,
aunque ella aún no era consciente de que lo era. Me encontré con una mujer pequeñita, el pelo castaño, vestida
de manera muy clásica.

—Hola —me dijo—: ¿Eres Mikel? ¿Vives aquí?

Dubitativo, le contesté.

—Sí, soy yo.

—¡Bien! ¡Qué alegría! Es que como no sabía seguro
dónde era... —respondió la mujer. Allí parada de pie sobre el felpudo de la puerta de entrada de mi casa, conti-

nuó—: Es que quería que me hicieras una consulta, pero de médium, no de cartas.

No sabía quién era, ni cómo había averiguado mi dirección. Me podía haber asustado por ello. Podía haber pensado muchísimas cosas, pero no, estaba tranquilo. Su amplia sonrisa y el ver que estaba aún más nerviosa que yo ayudaban a ello.

—Pero... ¿Ahora? —le contesté.

—Sí, es que vengo desde Bilbao —más de una hora de viaje.

—Bueno —le contesté—: Pase usted.

La acomodé en la cocina, que estaba justo al lado del salón. Le preparé un café, fui a cambiarme para poder estar con ropas más «aceptables» y envié un SMS a mis compañeros de piso para que estuvieran al tanto de la situación. Aquella fue mi primera consulta después de haber vuelto de Canadá. Creo que estuve casi dos horas y media con aquella señora. No recuerdo su nombre, pero estoy muy agradecido, puesto que gracias a ella pude reencauzar mi vida hacia mi verdadera misión.

Al día siguiente me llamó la prima de esa señora, después la hermana, más tarde su marido, luego, el amigo, y así, unas personas recomendaban a otras y poco a poco comencé a tener una clientela regular de consultas en mi casa. Gracias a los ingresos recibidos de las consultas, pude devolver los préstamos que debía y se regularizó mi economía. Ya jamás volví a mi trabajo anterior. Gracias a una de esas otras consultas que sucedieron concatenadas, conocí a la que luego fue mi socia, abrí una tienda y una escuela relacionada con el autocrecimiento y la intuición. Gracias a aquella señora, mi salvadora, se sucedieron una serie de consultas en cadena que me llevaron a ser quien soy hoy.

Capítulo ocho

EL AMOR MÁS GRANDE

ESTABA CONTENTO CON MI VIDA. POR fin parecía que la había encauzado y mis energías fluían por donde yo deseaba, y, más aún, por donde el destino me había marcado y yo sentía que debía estar. Después de un largo año y pico sin trabajar debido a unos problemas de salud derivados de un accidente de tráfico bastante serio, había abierto una pequeña tienda especializada en minerales y piedras preciosas en el centro de San Sebastián, junto con una socia, donde además realizaba consultas. Conocí a la que era mi socia en una consulta en el centro de estética de mi tía Begoña. Mi tía Bego, como todos la llamamos, siempre estuvo a favor de que yo me dedicara al mundo de la intuición. Siempre decía a mis padres, e incluso a mí mismo, que yo debería dedicarme a esto profesionalmente, y no dudó en apoyarme y en organizarme consultas cuando volví de Canadá y vio la oportunidad.

Fue ahí donde conocí a Miren; decidimos asociarnos y abrir una pequeña tienda juntos. Sería una tienda muy especial que emanara magia, encanto y carisma. Encontramos un pequeño espacio de apenas diecisiete metros cuadrados en el centro de San Sebastián. Necesitaba mucha reforma, pero tenía mucho «carisma». El precio era razonable, con esfuerzo y trabajo podría quedar precioso. También tenía un pequeño sótano, donde podría hacer consultas privadas e incluso dar algunas clases. ¡La primera vez que daría el salto profesional! Sí, había realizado consultas profesionales, pero la mayoría en mi casa o en el centro de la tía Bego. Esto era diferente. Parecía que mi destino se abría paso a marchas forzadas. ¡Una tienda a nivel de calle en pleno centro! ¡Un sueño hecho realidad! Pequeña, sí, pero con encanto.

Allí abrimos el Rincón Mágico, un lugar donde las personas pudieran encontrar guía, apoyo y orientación. Quisimos crear un pequeño oasis en la ciudad, alejado de los típicos tópicos relacionados con lo esotérico. Allí no habría oscuridad, ni rituales, ni nada de eso. Solo luz y positividad. Ese era nuestro objetivo. Dignificar el mundo de lo llamado esotérico, pero hacerlo con rigor y en un entorno lo más prístino posible, informando a las personas y ayudándolas en todo lo que estuviera a nuestro alcance. Sin chabacanerías, sin supersticiones. Sin prejuicios.

Todo debía tener luz y color, sobre todo la decoración. Pensamos que lo mejor sería mostrar a la gente aquello que nosotros conocíamos, y que la tienda fuera un espejo de lo que éramos nosotros y muestra de nuestro trabajo. Recuerdo que incluso amigos míos, que vinieron a pasar unos días de verano agradables en la playa, se vieron arrastrados a ayudar con parte de la obra quitando escombros o pintando. Todo el mundo colaboró y en un corto período de tiempo, la tienda estaba preparada para abrirse al público.

Decidimos especializamos en minerales y piedras preciosas. Productos de alta gama seleccionados a mano por nosotros mismos. También pusimos inciensos japoneses del tipo que yo utilizaba y barajas de tarot de colección. Si había alguna cosa especialmente bella o única, alejada de lo ordinario, procurábamos traerla a la tienda. Ya había estado haciendo consultas en la tienda que Miren antes tenía en la parte antigua de la ciudad, las que realizaba en mi casa y en donde mi tía Bego. Las consultas ya marchaban bien, ahora debíamos hacer que la tienda funcionara. No fui consciente de que aquella tienda sería mi escaparate al mundo y que en un período cortísimo de tiempo estaría en toda la prensa. Tampoco en ese momento fui consciente del trabajo que supondría tener y mantener una tienda. Era feliz. Un sueño que se cumplía ante mí.

Hacía tres meses que habíamos abierto. Había sido una odisea. La reforma de acondicionamiento se había retrasado (por lo que tuve que echar mano de todos los amigos y familiares disponibles) y la financiación nos había fallado justo la semana anterior a la apertura. Pero el universo quiso e hizo que las cosas fluyeran para que pudiéramos abrir en la fecha indicada.

Llevábamos tres meses y la tienda funcionaba. Aunque era pequeña, llamaba mucho la atención y cientos de personas que buscaban comprar algo distinto o especial nos visitaban. Yo deseaba pasar más tiempo mostrando los productos, pero la consulta estaba llena y requería mucho tiempo de atención. Me encantaba mostrar los productos, al igual que un padre muestra orgulloso a sus hijos o alguien muestra orgulloso la hazaña que acaba de realizar. Disfrutábamos enseñando a todo el mundo los nuevos productos que nos llegaban.

Esta era la primera Navidad desde que tenía la tienda y la primera desde mi regreso de Canadá, y sentía que por fin estaba haciendo lo que me gustaba al cien por cien. Mi destino. Mi propósito. Había preparado un par de cajas con las mejores y más bonitas piedras de la tienda, para esa noche, después de la cena, mostrárselas a todos. Incluso había seleccionado algún collar hecho por nosotros para llevarlo al día siguiente cuando fuéramos a comer a casa de la tía Bego como cada año.

Era la noche del 24 de diciembre del 2007.

Como todos los años, nos reunimos en la casa familiar junto con mis padres, en mi pueblo natal. Mis hermanos, mi padre y yo nos citamos esa tarde para tomar algo primero. Una costumbre que aún seguimos. Nos encontramos con algunos amigos para tomar algo y después, según se acerca la hora de la cena o comida, la familia se une y buscamos algún lugar agradable donde tomar algo de beber y un aperitivo. Luego, vamos todos juntos a cenar a casa.

Ese año, como la tienda cerraba tarde debido a las compras de Navidad de última hora, y para que no se me hiciera demasiado tarde, mi padre y mi hermano mayor, José Ramón, vinieron a buscarme. En las primeras horas después de haber abierto y también por la mañana había estado tranquilo, pero de pronto, aquello se llenó de gente y vendimos bastante. Estaba contento. La tienda parecía que iba cogiendo fuerza, su nombre empezaba a ser conocido, mis consultas funcionaban bien y la relación con mi socia fluía a las mil maravillas.

Excepto ese detalle, el resto transcurría como cada año. Mi madre estaba en los fogones ayudada por mi hermana, los niños colaboraban con mi cuñado en poner la mesa, mientras hablaban de diferentes ideas que habían tenido sobre cómo haríamos ese año la actuación teatral.

Cada año, los niños mayores y yo, que en ese momento tenían diez y ocho años, elegíamos una temática navideña, preparábamos una pequeña función de teatro y yo los vestía con ropas viejas y los preparaba para la actuación. Me encantaba jugar con ellos, vestirlos y organizarlo todo para que luego ellos actuaran ante los demás. No había mucho espacio para hacerlo, pero ellos ponían todo su empeño. Ver la cara de alegría en el rostro de mi madre, la ilusión en la de los niños, el asombro y alegría en la de los demás y la sonrisa cómplice en la de mi padre no tenía precio. Era el punto álgido de la noche y ya era toda una tradición.

Todo transcurría de forma normal. Unas Navidades más en familia. Si hay una imagen que pueda definir la felicidad, era nuestra reunión familiar. No faltaban las bromas, los cantos, los chistes y las historias, como todos los años. Pero mi hermano José Ramón, el mayor de todos, tenía una mirada triste. Parecía más cansado de lo normal. Mi madre comentó que llevaba así varios días y se lo achacamos a la fiesta que se había pegado la noche anterior. Nada extremo, pero que conllevaba haber dormido poco.

Durante la cena y en distintos momentos, sin venir a cuento y por completo fuera de contexto, me dirigí a mi hermano mayor y exclamé:

—¡Saca todo lo que llevas en el corazón que se te va a convertir en piedra!

Además, lo dije en castellano y no en euskera, la lengua tradicional de mi familia y la que usamos en casa. No era normal que yo le hablara a mi hermano en castellano. No sé qué fue lo que me impulsó a afirmar esto. No recuerdo haber tenido ninguna visión de ningún tipo, quizá fuera algo que sentí en mi interior lo que me empujó a decirlo. Lo cierto es que se lo repetí en varias ocasiones, sin darle ninguna importancia y siguiendo con la conversación que se estaba dando en la mesa.

He recreado muchas veces este momento en mi mente, ¿por qué dije eso? ¿Qué me empujó a decirlo? No le he encontrado sentido y hasta la fecha no he podido averiguar el motivo real. Puede que ni siquiera haya un motivo, seguramente no debería intentar darle ningún sentido. Hay cosas que ocurren, y ya está. No sabemos por qué ocurren, solo suceden y debemos aceptarlo así, tal cual vienen. Pero lo cierto es que aquello que dije me ha perseguido en muchas ocasiones intentado buscar alguna razón.

Después del postre es costumbre jugar a las cartas. Habitualmente jugamos hasta altas horas de la madrugada. Esta vez actuamos de la misma manera. Mi hermana empezó a recoger la mesa y todos nos sumamos a echar una mano, mientras mi madre iba en busca de la baraja. Entonces les pregunté si querían ver las cosas que había traído de la tienda. Y casi sin darles tiempo a contestar comencé a poner bolsas y cajas sobre la mesa. Recuerdo que a mi hermana le gustó mucho la fluorita. Hablamos de sus propiedades, de para qué servía, sus características de color, intensidad y dureza. Arantzazu se quedó con un collar de esa piedra. Alguien cogió unos pendientes, los niños se interesaron por las bolas de pirita y de amatista. Yo no podía estar más orgulloso de mostrarles todo lo que teníamos y ver que les gustaban las cosas que les enseñaba. Los niños seguían rebuscando en las cajas, desempaquetando productos y jaleando diferentes guaus. Después, rodeados de mazapanes, turrones y bombones, seguimos hablando algo más. La conversación estaba tan interesante que perdí la noción del tiempo. No sé cuántas horas estuvimos jugando con minerales y hablando de ellos. Me pareció que había sido un minuto. Mi hermano José Ramón, que llevaba, al igual que mi padre, todo ese rato callado observando todo lo que decíamos y hacíamos con una sonrisa forzada, dijo:

—Me voy a la cama. Estoy muy cansado.

Nos extrañó mucho porque siempre era de los últimos en acostarse. Personalmente pensé que los habíamos aburrido entre tanta drusa, geoda, bola de pirita o collar de lapislázuli.

—¿Estás cansado? —le preguntó mi madre.

—Sí —siguió José Ramón—: Estoy cansado. Me voy a dormir, que mañana será otro día.

Serían las cuatro y media de la mañana cuando nos fuimos a la cama. Yo dormía en un colchón hinchable sobre el suelo en la habitación de mis padres, debajo de la ventana. No creo que pudiera entrar ni un alfiler más. Todas las habitaciones y todas las posibles maneras de colocar a gente en camas estaban en marcha.

Al ratito de haberme dormido sentí unas sensaciones muy extrañas. Me parecía que mi conciencia estaba fuera, mientras mi cuerpo permanecía dentro de la habitación. Me puse bocabajo porque sé que esto evita que el cuerpo astral salga durante la noche y dificulta los viajes astrales.

~~~~~~

Los viajes astrales son aquellas experiencias
en las cuales la conciencia deja la dimensión física y,
valiéndose del cuerpo astral, se adentra
en diferentes planos.

~~~~~~

En algunos casos somos conscientes únicamente de cómo el cuerpo energético sale y cómo navega por el universo; en otras ocasiones, podemos interactuar y controlar el viaje convirtiéndolo en un sueño lúcido. En realidad, cada noche salimos del cuerpo y viajamos para aprender cosas nuevas o visitar un lugar, o a alguien, solo que en los viajes astrales somos (al menos en parte) conscientes de que lo estamos haciendo. Para ilustrarlo, me gustaría que visualizarais una cometa con la que un niño juega. El cuerpo son las manos del niño, pero el cuerpo astral es la cometa.

Esa noche sentía que no era momento de realizar ningún viaje astral, ni de ningún viaje fuera del cuerpo, necesitaba dormir. Como en alguna que otra ocasión me había pasado esta experiencia de manera involuntaria, intenté mitigarlo como pude. Hice algo que ya había intentado en otras ocasiones y que consiste en tumbarse bocabajo y poner las manos debajo del estómago con las palmas pegadas al cuerpo, creando así un escudo que impide que esas experiencias involuntarias sucedan.

Pero el malestar no desapareció. Se hizo más fuerte

aún. Todo mi cuerpo se tensó hasta el punto de sentir que había una tabla debajo de mí, tan dura como una roca, y que su dureza, firmeza y frialdad traspasaban el espacio transfiriendo sus cualidades a mi cuerpo. Fue algo en verdad inusual. Abrí los ojos porque pensaba que el colchón se había desinflado. Pero, aunque estaba más flojo, no parecía que le estuviera ocurriendo nada especial. Todo parecía estar en orden. Eran las cinco y media de la mañana.

Nunca en mi vida había experimentado una situación tan extraña. Esa es la palabra que mejor lo describe. Sentía que todo el espacio en el que yo me encontraba se tornaba hostil, frío, duro e incómodo. Sin embargo, no parecía real. ¿Sería un sueño? Había algo que me incomodaba de ese colchón hinchable.

Si no era un sueño, pudiera ser que mi cuerpo no se acostumbraba a no dormir en un colchón, pues esta era la primera vez que lo hacía en un inflable. Se me pasó por la cabeza meterme en la misma cama en la que dormía mi hermano. No era de las camas más grandes, pero era una cama suficientemente ancha para que pudieran dormir dos personas. Hice el amago de levantarme y mientras lo hacía pensé que despertaría a José Ramón. Si lo despertaba, seguro que le sentaría mal. José Ramón tenía un carácter muy fuerte, pero de muy noble corazón. Me lo pensé dos veces y concluí que mi plan no parecía viable, así que me di media vuelta y seguí durmiendo.

Sobre las ocho y media escuché a los niños hablando entre ellos y deduje que estaban empezando a desenvolver los regalos. Me encantaba ese momento de despertarse en Navidad y mirar los regalos que tenías apilados uno encima de otro. Para mí significan mucho los espacios en familia, así que me levanté para acompañarlos en la tarea de despertar a todos los demás, hasta que llegamos a la cama de mi hermano José Ramón.

—¡Venga! ¡Venga! —gritaban los niños, mientras lo zarandeábamos para que se despertara.

—¡Que tienes que abrir los regalos! —le dijo la más pequeña.

Ella era la niña consentida de su tío y yo le incité a volvérselo a decir pensando que aquello lo llevaría a levantarse con más celeridad. Mi hermano nunca fue demasiado demostrativo. Su forma de manifestar el afecto siempre fue mediante gestos y actos, más que de palabra. En Navidades siempre tenía el mismo patrón, siempre hacía lo mismo. Se levantaba el último, desayunaba o comía algo y dejaba lo de los regalos para después. Normalmente, los niños se los traían a la cama o a la mesa de la cocina y se los abrían mientras él hacía otra cosa. No era muy amigo de comprar regalos, decía que no sabía qué comprar, y quizá por eso, nunca esperaba tener ninguno.

Ese 25 de diciembre iríamos a comer a casa de mi tía Begoña. En los últimos años nos invitaba a comer a su casa en Azkoitia, un pueblo cercano, a unos escasos veinte o veinticinco minutos en coche del nuestro. Las dos familias nos uníamos para celebrar ese día.

Los niños y yo entramos en la habitación de José Ramón en varias ocasiones. Lo zarandeábamos jaleándole para que se despertara. Lo movíamos una y otra vez, y nada. Parecía que no tenía ninguna intención de levantarse. Aún no sabía cuán profundo era su sueño, pero estaba a punto de descubrirlo.

Los niños querían ver qué contenían los paquetes de su tío y había que prepararse para estar a tiempo en casa de la tía. Como en otras muchas ocasiones, pusimos la música a todo volumen, creo recordar que era un disco de Nat King Cole de mi madre y nos pusimos a bailar y a cantar a pleno pulmón, entrando y saliendo de la habitación para ver si mi hermano reaccionaba. Pero su posición —las manos a cada lado de la cabeza, aún sujetando las sábanas— era reflejo de la tranquilidad más absoluta. Su cara reflejaba un estado total de relajación, como aquel que está inmerso en el sueño más profundo y no le importa nada lo que pase en el exterior.

En un momento, mi cuñado entró en el cuarto. Encendió la luz y también lo increpó para que se levantara, pasó junto a la cama hasta el armario que estaba al fondo y cogió de dentro algo que mi madre necesitaba. Cuando iba a salir de la habitación, y al volver a pasar junto a él, percibió algo raro en su cara. Hasta entonces, ninguno de nosotros había encendido la luz; él lo hizo para ver mejor dentro del armario y enseguida notó algo extraño. El clima de alegría y juegos se cortó fulminantemente. Mi cuñado, muy serio y con semblante afligido, exclamó:

—¡A José Ramón le pasa algo!

Agarró a los niños de las manos y los sacó de la casa. El instinto paternal y las ganas de proteger a los pequeños lo llevaron a actuar así. Todos corrimos a la habitación de José Ramón. Nunca mi cuñado había reaccionado de esa forma. Solo por la expresión, sabíamos que algo grave había pasado. Ni recuerdo con precisión lo que acaeció después. Quizá me olvide de detalles, distorsione alguno o me falten datos. Intentaré contar lo que enseguida ocurrió con la mayor claridad que pueda.

Todos entramos en su habitación. Estábamos mi hermana y yo (ella lo intentaba despertar), y yo lo zarandeaba. Entre sollozos, lágrimas y llantos intentábamos hacer que se moviera. Podía atisbarse un color amoratado en la zona de su garganta, pero por lo demás, su cara era la viva imagen de alguien que duerme un sueño muy profundo y reparador. Sé que mi hermana decía algo, pero no recuerdo qué. No podía ser verdad, no podía haber pasado esto. Tenía que ser una broma.

Le toqué el cuello con los dedos índice y medio, (como lo había visto hacer en las películas) para tomarle el pulso.

—¡Tiene pulso! —grité—: ¡No está muerto!

Mi propio deseo de que no hubiera ocurrido lo peor, y el nerviosismo que tenía en ese momento, hicieron que sintiera mi propio pulso. Mi corazón latía con tanta fuerza, que, al tocar a mi hermano y sentirlo de una manera tan fuerte, y al ser inexperto, pensé que lo que estaba sintiendo era su pulso, y no el mío.

Mi padre entró enseguida y le tocó la cara.

—¡Ay! —exclamó—: ¡Se nos ha muerto!

Yo no me lo podía creer, no podía ser verdad. Mi madre le tocaba la cara y abrazándolo le clamaba con dolor.

—Pero ¿cómo has podido hacerme esto, hijo mío? ¿Cómo? ¿Cómo? —exclamó mi madre por última vez agarrándole la cabeza, mientras el sollozo más grande jamás escuchado por mí desaparecía entre aquellas cuatro paredes.

Mi corazón se estaba rompiendo. Aún me resistía a creer que hubiera pasado. No podía ser. Tenía que haber una solución. Agarré el teléfono y marqué el número de emergencias para que vinieran a reanimarlo. No podía quedarme sin intentar algo, ¿qué más podía hacer? Mientras esperábamos a que llegara la ambulancia recordé un ritual ancestral proveniente de los indios guaraníes del Amazonas brasileño que me habían enseñado durante mi formación en Canadá. Mediante esta técnica, se agarran los pies de una manera muy precisa y, diciendo unas palabras específicas, se puede ayudar a un alma a cruzar, o a alguien que está en su última etapa de la vida, a que elija si se quiere quedar o marchar.

Arranqué las mantas y las sábanas con virulencia; el tiempo era un factor clave. No sabía cuánto tiempo había pasado desde que mi cuñado lo había descubierto, pero sabía que llevábamos un largo intervalo intentando despertarle y que, si nos quedaba algún lapso, no era mucho. «Por favor, por favor, Dios mío —rezaba—, que no sea demasiado tarde, que no lo sea.» Lancé en mi corazón un grito lo más sonoro posible, pero silencioso a la vez, a lo más hondo del universo. Le agarré los pies, puse mis dedos y mis manos como me habían enseñado y solté todas las oraciones que conocía. Toda clase de idiomas, todo tipo de rezos, de toda clase de ritos y credos, salieron en modo «piloto automático» de mi boca en aquel momento. Mi hermana me miraba con asombro y estupor, y me imagino que los demás también, pero solo recuerdo los pies y mi conexión con mi hermano.

Justo cuando ya no recordaba más oraciones, empecé a tranquilizarme. Sin soltarle los pies, mi respiración comenzó a calmarse un poco, y entonces, lo vi. Vi a mi hermano. Tenía sus pies cogidos de mis manos y su cuerpo enfrente de mí en su cama, pero a la vez, lo veía allí, de cuerpo entero, en lo alto de la habitación casi tocando el techo. Nunca había sentido a mi hermano con una paz semejante. Me miró, y se sonrió.

—*Déjalo* —me dijo—: *Ya no hay nada que hacer.*

Mientras me hablaba, un inmenso amor y una paz descomunal me inundaban, casi como si quisieran abrazarme energéticamente. Su cara sonriente, como con una de esas sonrisas que tienen las estatuas de las vírgenes en las iglesias, y sus ojos, verdes y resplandecientes. Su cara, iluminada como un farol que alumbra en la noche más cerrada.

—*No sigas* —añadió—. *Ya no puedo volver.*

Siguió contándome cuándo y cómo había muerto. Me dijo que su corazón había parado de repente, que sus arterias no estaban bien y que una de ellas se había cerrado. Me dijo que no sintió dolor alguno, solo paz y descanso. Que no se dio apenas cuenta hasta que vio su cuerpo tendido en la cama. También me contó que había muerto sobre las cinco y media de la madrugada, que intentó dar aviso, pero que no lo supo hacer.

—*Ya es tarde* —agregó—. *El cordón que unía mi alma con mi cuerpo se ha roto y, aunque quisiera, ya no podría volver. Sin ese cordón no es posible.*

Nada más terminar esta frase, se desvaneció. Yo me quedé unos instantes pasmado, sin saber qué hacer y aún sujetando sus pies. Entonces vi que se ponía de pie al lado de mi madre. Con su actitud de bromista, con su sonrisa pícara de medio lado y con ese humor sarcástico que tanto le caracterizaba, dijo en voz alta:

—*A ver si es verdad eso de que Mikel me puede ver.*

Lo miré directamente a los ojos, esos ojos que ahora vibraban y destelleaban luminiscentes, y sentí de inmediato lo que él deseaba comunicar.

—Sí —le dije—. Lo sé.

Comprendí, con una sola mirada, que lo que quería era que ayudara a mis padres y a mi familia a entender cómo se había muerto. Que él quería que yo les dijera a todos que no había sufrido y que estaba bien.

En menos de lo que canta un gallo, la casa se había llenado de familiares. Tíos y primos, por ambas partes de la familia, habían llegado nada más enterarse. No sé ni quién les avisó, ni cómo supieron. Solo sé y recuerdo que la casa estaba llena de gente cuando vino la ambulancia. Los efectivos de emergencias entraron en el cuarto, intentaron reanimarle y nos dijeron lo que yo ya sabía: que nada se podía hacer, que había sido un paro cardíaco, que no había sufrido y que quizás habría muerto cerca de las seis de la mañana.

Siguiendo el protocolo que está fijado en estos casos, trajeron al médico forense y a la policía, para verificar que había sido una muerte natural. Vinieron los policías, los médicos, los enfermeros, de los cuales varios lo conocían en persona. Fue muy duro. Dijeron que, pese a que sabían que no había sido así, la ley ordenaba que debían hacerle pruebas *in situ* para comprobar que no hubiera sido una muerte inducida. Mis padres no sabían ni adónde mirar, ni qué hacer. Mi madre lloraba desconsolada. Mi padre estaba roto. Parecía irreal. Toda la familia estaba reunida en la sala, mientras ellos realizaban las diligencias oportunas en la habitación con mi hermano. Uno de los chicos de la ambulancia se apiadó de mi madre, y antes de marcharse, y viendo lo que allí sucedía, le dio una pastilla para los nervios.

El dolor inundaba todo el ambiente. Un dolor tan grande que ocupaba más espacio que todos nosotros juntos. Mis familiares lloraban, y constreñidos intentaban dar sentido a un sinsentido; mi madre, cabizbaja, y mi padre, agarrándose la cabeza, mirando al suelo, gemía «cómo... cómo... ¿cómo ha podido ser?».

De nuevo vi la imagen de mi hermano entre nosotros en el salón, esta vez, al lado de mi padre.

—*Reza* —me dijo.

Comprendí lo que me quería decir, y ni corto ni perezoso me senté en el sofá, senté a mi padre a la derecha y a mi madre a la izquierda, le pedí a todo el mundo que se sentara y empecé a orar. Las oraciones que durante más de veinte años no había rezado, las que mis padres me habían enseñado de pequeño, fluían sin freno por mi boca. Inmediatamente mi padre comenzó a rezar también y mi madre se calmó. No sé cuánto tiempo estuvimos así. Aquello sucedió durante la investigación del médico forense, que fue, para nosotros, eterna.

Cuando se fueron, y las cosas se calmaron, fui a buscar al sacerdote. La iglesia estaba a solo un paso de la casa y no me llevaría mucho tiempo. Volví con el sacerdote, que les dio el pésame a mis padres y se dirigió a la habitación. Le dio la extremaunción, y dijo unas palabras que bien podían servir a mi hermano o a cualquier otro. No quiero criticar su trabajo, ni el de los sacerdotes, pero aquellas palabras sonaron vacías y resultaron demasiado escuetas para lo que realmente estaba sucediendo.

De nuevo se apareció mi hermano. Esta vez en el mismo lugar donde yo lo había visto mientras le sujetaba los pies, encima de su cama, en lo alto del techo. Sonreía. Tenía una sonrisa tan hermosa e irradiaba tanta paz que deseaba que todos los demás lo vieran, pues dejarían de llorar si lo hicieran. Dejarían de penar y de sufrir.

—*Ahora tú* —me dijo.

Comprendí lo que quería, quería despedirse. Para asombro del cura y de todos los que allí estaban, conté lo que veía. Les dije a mis padres que él aún se encontraba allí, que podía vernos y escucharnos, y recibir nuestro afecto. Les dije también que si deseaban despedirse, ahora era el momento, que él estaba allí y los estaba esperando.

Mi padre no dijo nada. Mi madre miró al sacerdote en busca de aprobación y preocupada por lo que pudiera pensar de mí. Este, arrinconado en una esquina, cerca de la ventana, asentía a todo lo que yo iba diciendo. Cogí una mano de mi madre y otra de mi padre, se las puse en la tripa a mi hermano, y mirándole a él, a su cuerpo y a su alma, ayudé a mis padres a despedirse. Expresamos todo lo que quedaba sin decir, nos dimos las gracias, pedimos perdón y dejamos salir las emociones que necesitábamos sacar.

Le dimos un beso y encendimos una vela y un incienso junto a su fotografía en su honor. Pedí a la luz de Dios y a la de las esferas más altas de las partes más elevadas de la luz blanca que lo envolvieran y arroparan, que lo guiaran y ayudaran en su camino. Pedimos a nuestros abuelos, familiares y guías de José Ramón que también lo asistieran.

El hecho de poder ver espíritus, sumado a mis conocimientos en esta materia, fue una gran bendición. Principalmente, pude ayudar bastante a mis padres, y me atrevería a decir que al resto de la familia también, a tener otra percepción diferente de la muerte y de la vida. Les ayudé a despedirse con amor y a que no sintieran que quedaba algo pendiente. Pudieron saber cómo murió y no quedarse con la culpa de que quizá pudieran haberle ayudado. Mi madre, en concreto, creía que había escuchado a mi hermano llamarla e infirió que se trataba de él pidiéndole ayuda antes de morir. Sin embargo, mi hermano luego me aclaró que, aunque sí le llamó, fue después de fallecer para contarle lo que había sucedido y decirle que se encontraba bien. Supimos cómo se encontraba y pudimos ayudarlo para que realizara su transición en paz.

Aquello ayudó mucho a José Ramón y afectó positivamente su viaje, pero además, nos dio a todos los partícipes una gran sensación de paz interna, de entereza, de bienestar y de sosiego. Y también la posibilidad de sentir un amor tan profundo que no se puede comparar con nada. Y sí, sigue doliendo. Se nota la falta, todos los días, a pesar del paso de los años. Pero lo enfrentamos desde otra perspectiva: celebrando la vida y las cosas hermosas que compartimos juntos, y no anclándonos en la carencia y en la falta.

La Navidad de 2007 nos trajo dos regalos: uno muy triste en forma de muerte y dolor, y otro muy hermoso en forma de aprendizaje y unión familiar.

Capítulo nueve

UNA OPORTUNIDAD

No era la primera vez que viajaba a Estados Unidos. Durante mis habituales visitas veraniegas a Canadá, donde pasaba entre tres y cuatro semanas, eran numerosas las ocasiones que cruzaba la frontera con mis amigos. Nos encantaba ir a visitar pueblecitos cercanos a la frontera, comer en un restaurante, hacer la compra y adquirir cosas que no se encontraban en ningún otro lugar, o pasear por la naturaleza en pueblecitos como Plattsburgh, en el estado de Nueva York.

Puede no parecerlo, pero Canadá y Estados Unidos son dos países bien distintos. Sobre todo si estás en Quebec (en la parte más francófona de Canadá), existe una gran diferencia. Al pasar al otro lado, simplemente recibíamos una bocanada de aire fresco y distinto. Y eso era ya una aventura en sí misma.

En ese tiempo conocí a Linda, que tenía unos parientes que vivían en el lago Champlain, en el estado de Vermont, en un lugar asombroso y maravilloso en plena naturaleza. Su familia tenía una cabaña de madera junto al lago en lo alto de un acantilado, que habían construido ellos mismos. Las vistas eran impresionantes. Las paredes de la casa comenzaban a erigirse a escasos centímetros del acantilado. El lado sur de la casa se abría de lado a lado para mostrar la belleza de los lagos, que, como un lienzo sin fin, se habían convertido en extensiones sin fondo de la sala de estar. Literalmente, la sala de su casa se adentraba en el lago y en las montañas.

A lo lejos se encontraba un lugar de campistas, desde el cual en ocasiones se podían alcanzar a percibir las risas de los visitantes, pero eso era todo. No había nadie más. Alguna que otra casa a kilómetros de distancia, a la que por lo general acudían solo los fines de semana, y alguno que otro deportista medio perdido que casi de casualidad había comenzado a correr o caminar y se había alejado demasiado del camping sin darse cuenta. Era el reino de la naturaleza en pleno apogeo. Los animales, los pájaros, el viento acariciando las ramas de los bosques, el sol de final de verano adentrándose por entre las ramas; era eso lo que allí imperaba. Nada más.

Me encantaba ir allí. Era como escaparse de todo y de todos, volver a ser un niño y disfrutar de la naturaleza, sin lujos ni comodidades. Era inevitable sentirse pequeño en aquella inmensidad, pues te dabas cuenta de que conectabas con la esencia de la vida, con la naturaleza y con el mundo. Siempre me ha fascinado la naturaleza, pero aquel lugar, como otros que me fui encontrando en mi vida, era mágico, especial. Bañarse allí, sin nadie alrededor, y pasar una o dos noches en aquella cabaña, en plena naturaleza y casi colgando de un acantilado, era el perfecto bálsamo de paz y tranquilidad que necesitaba. La desconexión mental ideal y diferente a todo lo que conocía.

En Canadá no todo eran vacaciones, también trabajaba (y aún lo hago), ofreciendo conferencias, formaciones, demostraciones en vivo y consultas individuales en diversas ciudades, como Montreal, Halifax u Ottawa. Hasta ese momento, aquellos viajes relámpago habían sido todo mi acercamiento a Estados Unidos. Siempre rodeado de amigos, en un ambiente de ocio y distensión, buscando el refugio nutriente de la naturaleza y el remanso de paz de la inmensidad más hermosa.

Esta vez era distinto. Era invierno, iba de trabajo y no visitaría los lugares colindantes con Canadá, sino que estaría en Michigan, un estado donde las temperaturas pueden alcanzar los -30 °C en invierno con bastante facilidad. Era Acción de Gracias del 2013, concretamente noviembre. Mi amiga y compañera Elizabeth Cosmos me había dicho en bastantes ocasiones que fuera a verla para conocer su entorno, y por fin pudimos hacer que ocurriera. Siempre me decía que había muchas personas a las que les gustaría tener una consulta conmigo y asistir a una de mis conferencias.

Pues bien, Elizabeth me había organizado una serie de talleres y demostraciones públicas en la ciudad de Grand Rapids. Debido al éxito obtenido y a la gran demanda del público, decidimos extender mi visita unos días más, quedarme nueve o diez, en lugar de cinco, y ofrecer la oportunidad de realizar consultas privadas que, por otro lado, la gente tanto demandaba. Con estar juntos, con reírnos y divertirnos al igual que siempre lo habíamos hecho, conocer su ciudad y a su gente, a mí me bastaba, pero ella se empeñó en que las personas necesitaban conocerme y saber de mi don. Accedí a sus planes, pero con la condición de que uno de los días hiciéramos un plan juntos. Elizabeth no había hecho mucha publicidad, de hecho, creo que no se anunció en ningún lugar público, sino simplemente entre sus contactos. Después, el boca a boca hizo el resto. Todos los días, todas las consultas y el día de la demostración, estaban llenos.

Cuando llegué, Donald me recogió en el aeropuerto en el mismo Grand Rapids. Nevaba muy fuerte, sin parar. Una gran cortina blanca impedía ver más allá de un metro delante de nosotros. Calculo que habría unos treinta centímetros de nieve en las aceras, el viento fuerte hacía que fuera muy difícil conducir y la visibilidad era muy escasa. «¡Al menos aún era de día!», pensé cuando vi aquello.

Elizabeth estaba en la casa preparando el pavo, poniendo la mesa y recibiendo a los invitados para la cena. ¡Mi primer Acción de Gracias! Había pedido a Donald que fuera a buscarme porque tenía una camioneta grande y porque él estaba acostumbrado a conducir en esas condiciones, mientras que ella no. Estaba emocionado. Hacía apenas unos meses que nos habíamos visto, cuando ella había estado impartiendo su curso de la técnica

Ama Deus® en San Sebastián, pero nos echábamos muchísimo de menos.

Al principio, cuando vi cómo nevaba, me asusté un poco, pero Donald enseguida me tranquilizó.

—¡Este es el pan nuestro de cada día! —me dijo—: ¡Mi camioneta y yo recorremos media provincia todas las semanas!

Donald se dedicaba a la construcción y a los arreglos de desperfectos en las casas por todo Michigan.

—Todo el mundo está ansioso por conocerte —afirmó—: ¿Quieres oír algo de música?

Le dije que no porque prefería conversar, conocerlo y aprender las costumbres de esa región. Durante el trayecto entre el aeropuerto y la casa de Beth hablamos de todo tipo de cosas, menos de aquello que a mí me interesaba saber: cómo era una cena de Acción de Gracias, qué se comía y, sobre todo, quién iba a estar y cómo debería comportarme. Cuando llegamos, aparcamos en el garaje y entramos por la puerta de la cocina. Al pavo le quedaban cinco minutos para estar listo, y todo el mundo estaba sentado en los sillones, tomando una copa de vino y con algo de picar sobre la mesita central.

Además de Elizabeth, también estaban Margaret, la madre de Beth; Katy, una chica de Alicante amiga de Beth; las tres hijas de esta, las gemelas Verónica, Blanca y la pequeña Nerea; el perro *Skippy*, Donald y yo. Estaba emocionado de volver a ver a Elizabeth.

Aunque habíamos estado hablando por correo, Skype y WhatsApp a menudo, parecía que había pasado una eternidad. Los nervios y las expectativas también estaban a flor de piel. Llevábamos un año preparando aquel evento, y aunque el resultado parecía que iba a ser positivo, estábamos nerviosos por ser la primera vez que se hacía algo así.

Todo en la cena fue magnífico. No es como en España, donde te sirven un primer plato, y después un segundo y más tarde el postre. Allí todo lo ponen en la mesa a la vez, cada cosa en un plato, igual que en Canadá, y cada quien se va sirviendo lo que desea. Hablamos, nos reímos, y lo pasamos genial. Cuando terminamos, Donald y yo bajamos al sótano a jugar al billar con las niñas, mientras la madre se acomodaba en el sillón. Al bajar, Elizabeth me dijo que había una amiga suya que quería hablar conmigo para ver la posibilidad de unir nuestras dos escuelas. Una especie de proyecto donde se crearía una alianza internacional. De entrada, no me pareció mal. Beth dijo que aquella mujer, Denise era su nombre, era alguien muy importante de las Naciones Nativas de Norteamérica. Una de las personas más emblemáticas, descendiente de algunas de las ancianas que representaban a las Primeras Naciones ante las Naciones Unidas, y una mezcla de varias tribus indígenas. Al parecer, gran chamana y médium.

Me comentó que Denise tenía un tipi que habían montado en la propiedad de Elizabeth, que solían reali-

zar ceremonias de sudación regularmente y que Denise
quería que yo fuera su invitado de honor en la que se
celebraría al día siguiente. Los tipi son unas viviendas
nativas de los amerindios. Suelen ser de forma cónica y
están hechas de piel de animal como la del bisonte y ma-
deras que los sujetan. Yo los había visto en las películas,
nunca en vivo, y descubrí que son más grandes de lo que
aparentan ser.

—Además —añadió Beth—, quiere entrevistarte a
las nueve de la mañana en su programa de radio Star
Nations.

Me quedé boquiabierto. Acababa de llegar y ya el
universo me estaba colmando de maravillosos regalos.
Era increíble. Estaba absorto en mí mismo intentando
asimilar todo aquello que me había dicho Beth. Le pregunté qué era una ceremonia de sudación, y me explicó
que era una ceremonia en la que se calentaba el ambiente dentro de un tipi, para sudar sin parar. El objetivo era
limpiarse de malos pensamientos, de impurezas, y así
apoyar el ascenso a un plano superior de mayor conciencia espiritual. La ceremonia tenía además una serie
de pautas y rituales asignados a personas diferentes.

Primero comenzaba con la tarea asignada al Guardián del Fuego unas horas antes de iniciar la ceremonia.
Una persona, en este caso el marido de Denise, se encargaba de encender el fuego, mantenerlo vivo y agitar
el ambiente a través del calor de las piedras sagradas.
Estas piedras habían sido elegidas con anterioridad por

la propia Denise. Se hacía un fuego, se dejaban las brasas, se introducían las piedras y se tapaban para que se pusieran lo más calientes y ardientes posible.

Más tarde, una hora y media antes, llegaba el Guardián de la Puerta. En este caso, era un amigo de ellos que permitía entrar a las personas dentro del tipi, las sentaba según el orden establecido por Denise, se encargaba de vigilar que estuvieran bien en cada momento y les ayudaba a salir de nuevo cuando todo hubiera acabado.

Un rato antes de que iniciara la ceremonia, llegaba la sacerdotisa o chamana; en este caso, era la propia Denise, que tanto por rango, por linaje, como por experiencia, le correspondía. Era una belleza de mujer. Con ojos medio azules, medio verdes, con una hermosa sonrisa que iluminaba su cara, una tez bronceada muy especial y una voz que todo lo llenaba. Su estatura no muy alta no hacía honor al poder que tenía y que, en cada paso, en cada gesto, en cada palabra que pronunciaba, se podía vislumbrar.

A la hora indicada, las cinco de la tarde, los invitados a la ceremonia empezaron a llegar y comenzaron a pararse delante y alrededor del tipi. Había unas doce personas, que yo pensaba que no podrían caber en aquella tienda india. No estaba nevando. Había salido el sol, pero la nieve lo cubría todo. Al sol había unos 15 °C bajo cero, y a la sombra, casi el doble. Esta vez sí que estaba nervioso. Lo estaba porque no sabía qué iba a encontrarme.

—Tranquilo —me dijo Beth sujetando mi mano—: Todo va a ir bien. Esto lo hacemos cada semana.

Me había comentado que aquel día nos acompañaría una de las últimas grandes ancianas de la tribu de los Lakota que quedaba viva, pariente de Denise, y no sé cuántos otros nombres más que no pude retener, pues la embriaguez de los datos y de la situación me lo impedía. Estaba abrumado, sobrepasado por el acontecimiento, pero a la vez contento por estar allí y ser parte de ello.

Denise se puso de pie, de espaldas a la entrada del tipi, y dijo una oración en su idioma nativo a los cuatro puntos cardinales. Después, se paró en la entrada y dijo otra oración para dentro de esta. Llamó al Guardián del Fuego y pidió que introdujeran las piedras sagradas. Cuando las vi, eran casi como unos minivolcanes. Estaban rojas como las brasas de una chimenea.

Cuando acomodaron las piedras, Denise entró y les echó agua por encima, a la vez que ejecutaba unos cánticos guturales, que casi no se escuchaban, pero su fuerza la podíamos sentir todos los que estábamos fuera de pie, en el frío. Salió, sonrió y, mirando al Guardián de la Puerta, repartió cinco grandes pipas entre los asistentes, a la vez que pedía al Guardián de la Puerta que fuera decidiendo quién entraba y en qué orden lo haría.

A mí me sentaron en el lugar de honor de la tienda india. Muy cerca de la entrada, en frente de ella. Denise comenzó a cantar en su idioma nativo. No había muchas personas que conocieran los cánticos, pero algunas de ellas, casi todas caucásicas, le seguían como podían. A poco de empezar, la anciana se le unió. A veces cantaban y se paraban. Volvían a cantar y recitaban sus rezos. Después, volvían a parar. Y observaban. Creo que estaban construyendo la energía y que se paraban a analizar cómo iba el proceso y cómo los allí presentes respondíamos.

Cuando hacían pausas repartían las pipas de una a otra persona en el círculo. Después decían oraciones, también en su idioma, mientras mecían las manos hacia el Cielo en modo de súplica y agradecimiento.

Poco a poco, fue vertiendo agua sobre las piedras. Por lo que me dijo, no conviene echar mucha, ni hacerlo demasiado de golpe, porque entonces las piedras se parten, y hay que procurar que no se rompan. En el centro, en lo alto, está abierto, pero no se nota. Allí hacía mucho calor, más que en ninguna sauna en la que yo hubiera estado. Sudas muchísimo, pero no es desagradable. Es intenso, muy intenso.

Mientras la pipa iba pasando de unos a otros en el círculo escuchando aquellos cánticos y aquellas oraciones rítmicas que no comprendía, pensaba lo afortunado que era de estar en ese lugar con aquellas personas. Realmente, tengo mucho que agradecerle a Beth. Me sentía dichoso y bienaventurado. Poco o nada sabía yo sobre la historia de aquellas tierras y de aquellas tribus que las habitaban. Como poco o nada sabía yo de las tropas inglesas, y de los soldados franceses que poblaron dichas tierras. La *Nouvelle France* y *New England* peleándose por unas tierras y queriéndose apoderar de unas naciones que ya tenían dueño.

Naciones antiguas y viejas rencillas de poder, colonias las llamaban, representadas por armadas y banderas que se disputaban la tan ansiada nueva tierra. Gobernantes que se repartían el pastel sin pensar que había familias que estaban despedazando y separando para siempre. Soldados, unos vestidos con uniforme rojo, y otros de azul, que cuando Inglaterra supuestamente ganó la guerra, se quedaron allá. Algunos para hacer trueque con los indios, y otros para matarlos y vejar a sus congéneres sin escrúpulos ni pudor.

Yo no tenía ni idea de aquello que había acontecido en la historia americana y en la historia aborigen de esas tierras. Yo no sabía que en la familia de Denise, justo al lado de donde ella ahora criaba a sus hijos en libertad, y a escasos metros de donde estábamos realizando la ceremonia de sudación, había ocurrido tanto horror y tragedia.

En un momento, Denise apoyó su pipa sobre su regazo y pidió que los demás hicieran lo mismo. Rezó algo, creo que era para traer la sanación, y pidió que nos quedáramos observando el momento y a nosotros mismos. Nadie habló. Nadie tosió. Nadie se movió. Todo el mundo estaba ensimismado, con los ojos cerrados sintiendo el instante.

Al principio no ocurrió nada, fue como una meditación más, solo que lleno de sudor y en un espacio de mucho calor. No estaba buscando tener una experiencia en particular, ni recibir ninguna información, pero estaba disfrutando de la experiencia. Entonces ocurrió. Un indio se presentó ante mí y me dijo su nombre. No lo comprendí bien, pero sonó como «Wendar» o «Wendat». Lo vi vestido como entonces vestían, con pantalones de algún tipo de piel lisa animal, como si estuviera hecho de piel muy fina. Estaban hechos jirones, como si alguien se los hubiera roto a cuchilladas. Su tono de piel era más oscuro que el de Denise y estaba pintada de varios colores. Mi mente me trajo la imagen de plumas alrededor de su cabeza, como en las películas, pero este personaje no usaba ese tipo de plumas. En ocasiones, durante una visión, la mente puede intentar controlar lo que estás percibiendo o viendo para darle una forma lógica y racional. Siento que eso es lo que mi mente intentó hacer trayéndome aquellas plumas. Gracias a mi formación, supe que no era parte de la visión y que se trataba de una imagen creada por mi mente. Las imágenes de un mensaje de espíritus siempre tienen una carga emocional que viene acompañada de una sensación física. Se trata de algo muy difícil de explicar, pero es único cuando lo sientes. Inconfundible. Aparece de manera muy sutil, pero es muy persistente. Esa es una de las claves que nos permite distinguir entre visión e imaginación.

El indio tenía el pelo largo hasta la altura de las orejas, de color negro tizón, y abundante cabellera. Me repitió su nombre y me dijo que su pueblo había habitado antes esas tierras de lo que ahora llaman el guante o la manopla de Estados Unidos. Lo veía y lo escuchaba con muchísima claridad. Con gran enfado y furor, me dijo que su pueblo era nómada, que solía atravesar las grandes orillas en busca de pastos y alimento a lo que hoy llamamos Ontario y Canadá, y, escrito en una especie de letrero sobre su cabeza, observé la palabra «Hurón».

Añadió, esta vez con lágrimas de tristeza y rabia en su cara, que los soldados ingleses, con un capitán al mando al que llamó Smith (me mostró su imagen y describió su indumentaria roja), masacraron a su pueblo solo por el simple placer de ver desangrar a una persona y escuchar los rugidos de dolor de su familia mientras les obligaban a mirar.

Lo podía ver todo como una película, más nítido y más claro aún que en pantalla. Sabía que él me lo estaba haciendo ver. Como una película narrada por él en primera persona con voz en *off*. Me mostró una guerra cruenta, que no era tal, pues al no estar igualada no podía llamarse así. En la visión pude observar que, aunque algunos de los indios tenían armas de fuego, la mayoría no las sabían utilizar. En la visión que me mostró noté cómo de manera sanguinaria aquellas tropas inglesas masacraron a los indios con gran facilidad, simplemente por diversión. En ese momento escuché a un cuervo graznar. Dudé si era fuera de la tienda o dentro. Si era dentro, debía de ser algún tipo de símbolo, pues no había manera de que allí hubiera ningún cuervo.

Entonces, la imagen cambió y me mostró en detalle el uniforme de los soldados franceses; el indio me dijo que ellos habían sido buenos. Que pecaban de ser borrachos, pero que no tenían maldad. Que, al acabar las batallas, muchos de ellos no tenían modo o no tenían lugar adonde volver, que por eso se habían quedado y que con ellos hacían trueques e intercambiaban pieles.

Me sentía abrumado y algo sobrepasado por esa situación. ¿Por qué me mostraba todo aquello a mí? ¿Quién era yo para que me hablara? ¿Sería quizás algún familiar de Denise? Al principio de la visión me había hecho saber que la tribu a la que pertenecía había vivido en aquellas tierras y que habían sido aniquilados. Denise había comentado al inicio que su sangre provenía de muchas tribus. ¿Sería esta una de ellas? Y si era así, si en realidad era familia de ella, ¿por qué entonces no le había hablado de un modo directo?, o ¿es que confiaba en mí para que le pasara un mensaje? Estaba aturdido y sobrecogido por la emoción de todo lo que observaba. Lo percibía tan claro, tan sumamente claro, mejor incluso que una imagen que vería con los ojos abiertos. En ese instante, la experiencia me recordó las visiones que solía tener cuando era niño.

—*No pierdas el enfoque* —me reprochó el indio.

Me mostró sus costumbres, cómo de forma nómada vivían entre Canadá y Estados Unidos. Cómo armaban las tiendas, cómo cazaban, cómo se organizaba una sociedad india por dentro, y que, en aquel mismo lugar, en esas tierras, a muy poca distancia de donde yo me hallaba sentado, todo había terminado por una gran masacre a traición de la mano de soldados ingleses. Las imágenes pararon por un momento, pero entonces, volvieron a aparecer, esta vez de manera diferente.

Vi a Beth yendo de vacaciones a un resort de México como me había expresado que quería. *Le vendrá el dinero y podrá ir,* escuché. Como un foco de teatro, una luz se posó sobre la cabeza de una mujer que estaba sentada en el círculo, *tendrá una hija,* escuché, *piensa que es imposible, pero pasará porque los milagros ocurren...*

Aún hasta este día no sé si aquello fue una canalización o un encuentro con un espíritu diferente a todo lo que recordaba, o quizás ambos, pero era tan real, más que la vida misma. La luz se posó sobre la cabeza del marido de Denise y entonces escuché *venderá la empresa.*

Iba a abrir los ojos, pues parecía que ya era la hora. No sabía con exactitud cuánto tiempo había pasado; pensaba que no, pero tampoco sabía si los demás habían abierto los ojos, y sentí que ya no me vendría ninguna información más. Fue ahí cuando vi la pantalla de cine. A lo lejos, en la distancia, como algo casi imperceptible que tienes que intentar atisbar entrecerrando los ojos; así es como en un principio pude percibirla. Poco a poco se fue haciendo más grande, como cuando uno se va acercando a un objeto que está lejos y va haciéndose más grande. Solo que, en este caso, era el objeto el que se acercaba a mí. Según lo hacía, iba cogiendo más y más velocidad.

La pantalla en frente de mí se hizo tan grande y nítida que pareciera que iba a chocarme con ella, hasta pude sentir el impacto. Con letras gigantescas, ocupando la pantalla entera, vi los números 2017. El año 2017 (aún faltaban casi cuatro años) era importante. Algo iba a pasar. Pero ¿qué? En cuanto tuve este pensamiento, y antes de que pudiera ni siquiera formular la pregunta, escuché en mi oído derecho con una pasmosa claridad: ¡Tu padre morirá!

Intenté borrar ese pensamiento y esa pantalla con todas las fuerzas de mi mente, pero la imagen y la sensación no desaparecían. Intenté pensar que todo había sido parte de mi imaginación, pero la sensación no se iba. Intenté convencerme de que aquello no era real, no quería que mi padre muriese, no era posible, era demasiado pronto y quería poderlo disfrutar más. La voz volvió de manera más tenue en el mismo oído y me repitió lo mismo: *Morirá. 2017.*

Cambié de táctica. En lugar de simplemente aceptar la información que el espíritu me hacía llegar, intenté cambiarla, modificarla, quitarle valor. Como si no reconociéndola fuera menos verídica y no fuera a ocurrir. Sabía que cuando un espíritu ofrece datos de este calibre, suelen ser muy exactos. Intenté incluso negociar con el espíritu, con el universo, con Dios o quien fuera que me estuviera escuchando y pudiera ayudarme, como si eso funcionara así, pobre e ingenuo de mí. Pedía que le concedieran más tiempo en la Tierra, más tiempo con nosotros. Sabía que no podía ser, pero tenía que intentarlo. «Dadme más años, dejadle vivir más, quiero disfrutarlo durante más tiempo, aún es joven.»

Pero la sensación no se iba. Se sentía en las entrañas, en lo más profundo de mi ser, igual que cuando era pequeño. La misma sensación. No quería hacerlo, pero podía reconocer la sensación. Sabía lo que significaba. Era inevitable. Entre incredulidad y desesperanza, las lágrimas comenzaron a brotar de mis ojos, cuando Denise pidió que volviéramos al presente y que fuéramos poco a poco retornando a la realidad.

—Bien —dijo Denise—: Antes de terminar, ¿alguien ha tenido una experiencia que quisiera compartir? ¿Cómo os habéis sentido todos?

Alguien dijo algo de unas flores y de unos colores, no lo sé, no estaba atendiendo. Estaba en *shock*. Si esa información era cierta, y mi experiencia me decía que cuando ocurría así sí lo era, tenía que haber habido alguna razón para que me la hicieran llegar. Pensé que no hay mal que por bien no venga, que esta situación, que este mensaje, me daría la posibilidad de pasar muchas vacaciones y muchos momentos con mi padre, de tal manera que nada me quedaría pendiente. «Son pocos años —pensaba—, pero me aseguraré de que se realice en todos los sentidos.» Mi pensamiento se vio interrumpido por la voz de Denise, que, dirigiéndose a mí, dijo:

—Sé que tú has visto algo importante. Lo presiento. Lo sé —sonrió—: ¿Deseas compartirlo con nosotros?

No sabía qué decir ni qué hacer. Las palabras casi no me salían y mi pensamiento era como un caballo desbocado que no paraba de relinchar diciendo lo mismo a cada rato. Tragué saliva con fuerza y les conté lo que me había pasado con el indio. Al describirlo a él y a su indumentaria, ella y la señora mayor pudieron reconocer de quién se trataba. Al parecer, les habían hablado de ese personaje específico en la escuela.

Corroboraron todo lo dicho por mí, que eran nómadas, que pasaban a Ontario, que los franceses y los ingleses hacían lo que yo había explicado, etcétera. Con una tranquilidad y naturalidad pasmosas, me hablaron incluso de vendedores de pieles que habitaban por aquella zona y colaboraban con los indios. Nadie parecía inmutarse de que aquello hubiera ocurrido cerca de donde nosotros nos hallábamos. Mientras tanto, todo mi ser interior estaba temblando mientras hacía esfuerzos para que no se me notara.

Tampoco parecía importarles mucho, ni siquiera a los de etnia aborigen, que la historia que se cuenta no es fiel a lo que aparentemente sucedió. Ellos solo siguen viviendo.

Más adelante comprendí que si tuvieran
rencor u odio, que si estuvieran aferrados
a cada acontecimiento duro, masacre o abuso,
no podrían vivir sus vidas con normalidad.
Que el odio los comería por dentro y no les
permitiría avanzar.

Denise me miró con firmeza a los ojos, agarró mis manos y me dijo:

—Gracias, Mikel. Hoy has ayudado a que se produjera una gran sanación aquí.

Se veía que ya estaban acostumbrados y tardaron poco en recoger las piedras, limpiarlo todo y dejarlo preparado para la próxima vez. Dijimos adiós a todos, les di las gracias, en especial a Denise, y cuando se fueron, me senté en la barra de desayuno de la cocina de Beth. Cuando me preguntó cómo me había ido y qué me había parecido, le conté mi experiencia y el mensaje de mi padre. Yo sabía que era cierto, reconocía el sentimiento y sabía que era un mensaje directo del mundo de los espíritus. Estaba calmado, tenía paz en mi interior, pero también tenía miedo de qué hacer con esa información, cómo actuar, y si decírselo a la familia o no. Elizabeth me aconsejó muy bien, como en general lo hacía. Me dijo que solo yo puedo saber la veracidad y la magnitud del mensaje.

—¿Qué es lo que sientes en tu corazón? —me preguntó—: ¿Que es así o que no?

Yo sentía que sí lo era, que era cierto y que aquel año sería el año fatídico. Sin embargo, me empeñé, de forma totalmente consciente, en quitarle peso a ese pensamiento, en un intento de restarle notoriedad a ese hecho. Quizá, si yo lograse no poner mucha energía en ese pensamiento, y que mi mente no se enfocara en ello, podría ayudar a que no se diera, que no ocurriera, o que incluso se pudiera retrasar algo.

Sabía por experiencias pasadas que era muy improbable, que cuando el espíritu habla de esta forma, los hechos suelen suceder tal cual lo han dicho aunque a veces las circunstancias puedan cambiar. Sabía que cuando un espíritu anuncia algo de manera tan categórica y no da ninguna opción de enmendar, cambiar o modificar la situación, ya está escrito. Ya no hay nada que hacer al respecto. Ya ha sido decretado en el universo, solo falta que llegue la carta de la materialización a nuestro mundo y espacio. Pero ¿por qué no intentarlo? Los espíritus nunca se equivocan. Cuando una información es en realidad del mundo de los espíritus, pasa aunque nos parezca imposible o inviable en muchas ocasiones. Esto yo ya lo sabía. Ya me había ocurrido antes. Por eso, debía esforzarme en mantener una mente y actitud tranquilas e intentar, sin obviar la seriedad de los hechos, quitarles energía y peso a estas circunstancias.

En aquella cocina de Michigan, después de una larga conversación con Beth, decidí no comentar nada a mi madre, ni a mis hermanos. ¿Qué pasaría si realmente me equivocaba y no ocurría lo que yo había vivido? No tenía derecho a hacerles sufrir; por otro lado, qué pasaría si aun siendo cierto consiguiera, de alguna forma casi milagrosa, que no sucediera o incluso ganara más tiempo para él. ¿Cómo podía ser juez y verdugo de esa situación? Sin embargo, me debatí todo el tiempo entre estos pensamientos y si decirlo o no. De hecho, el no compartirlo con mi familia me causaba mucho dolor y sufrimiento, más aún cuando el tiempo iba pasando y se acercaba la fecha.

Es una información muy difícil de sobrellevar. Por un lado, quieres ayudar y deseas decirle a tu familia lo sucedido, por si hay algún atisbo de esperanza, o algo que ellos puedan hacer, aun cuando solo sea el privilegio de poder compartir más tiempo con él. Pero por otro, no deseas causar más dolor del que ya tienen, y, además, siempre existe la duda de si la información resulta no ser veraz, o si de algún modo lograses cambiarlo, ¿por qué entonces decir nada y causar dolor? No se lo deseo a nadie, es una situación muy difícil. Dura y sofocante.

Por una parte, me alegro de haberlo sabido, pues pude ir de viaje con él, invitarle a buenos restaurantes, darle caprichos y mimos, y, sobre todo, pasar tiempo de calidad y disfrutar de la compañía mutua, que estoy seguro no lo hubiera hecho de igual manera si este mensaje no hubiera llegado a mí. Pero por otro lado, es como si el duelo lo hubiese vivido durante los años anteriores. En particular, el 2016 fue un año muy difícil. Hasta ese entonces, la salud de mi padre había sido bastante buena, a excepción de los achaques normales de la edad y otras pequeñas cosas sin mucha importancia.

Siempre había sido muy activo, y no pasaba ni un solo día sin que caminara varios kilómetros, a ser posible, en medio de la naturaleza. Todo lo hacía con total normalidad hasta prácticamente los últimos meses de su vida. Iba al mercado, conducía, viajaba. Es cierto que poco a poco fue perdiendo la capacidad de fondo y que, al dolerle las piernas casi hacia el final, ya no podía caminar tanto, pero eso no fue impedimento para él. Esa era su fortaleza. Sus ganas de seguir activo. Procuré que todos los sueños y pequeños caprichos del día a día, los tuviera. Que no nos quedara nada pendiente. Que no le faltara nada. Pero, sobre todo, que supiera lo mucho que lo quería. Decírselo. Demostrárselo a través de múltiples gestos.

Fue cuando entró el 2016 que en realidad empezó a empeorar más. Ahí comenzaron a ocurrir las primeras hospitalizaciones y transfusiones de sangre. Hablé con mi amiga María, cardióloga de profesión, buscando esa ansiada palabra o frase de esperanza, y, aunque con mucho tacto y cariño, no me escondió lo evidente. Corroboró lo que yo ya sabía: su estado no tenía solución, solo cabía operar, cosa que, en su caso, por su condición física y edad, no se podía hacer. Poco a poco se iría debilitando y no se sabía cuánto duraría. Rezaba para que fuera mucho tiempo, para que no fuera el 2017.

Fue horrible. Un acto cruel de la vida ante el cual solo puedes esperar. Esperar y rezar, rezar mucho. En particular, el final del 2016 y el principio del 2017 fueron muy difíciles para mí. Veía cómo mi padre iba empeorando en su salud, poco a poco debilitándose y necesitando transfusiones de sangre cada vez con más asiduidad. Según pasaban los meses y nos acercábamos más al 2017, mi ansiedad aumentaba. Mi nerviosismo crecía. La fecha ya casi estaba aquí y yo no podía hacer nada.

La angustia me comía las tripas. No podía dejar de pensar en el fatal desenlace. Además, no sabía si sería en enero, o en diciembre. Aquello me producía gran malestar y preocupación, incluso privándome de horas de sueño en algunos días. Fue muy duro. Cada vez que sonaba el teléfono yo saltaba de estupor. Cada vez que veía el nombre de mi madre o el de mi padre en la pantalla de mi teléfono móvil, me asustaba. ¿Sería para darme malas noticias? Viví aquellos meses muy intranquilo y muerto de nervios. Si escuchaba la voz de mi madre temblar, inmediatamente pensaba que era por este motivo, y no un catarro u otro problema. Cualquier información referente a ellos me hacía saltar y encender las alarmas. Una pesadilla.

Aquel mensaje me invadía día y noche. No quería

que sucediera, pero sabía que lo más probable era que sí fuera a ocurrir. Hasta ese momento, el mundo de los espíritus me había dado muchas pruebas fehacientes de que no se equivocan. Como una ocasión en la que se me presentó el espíritu de una vecina indicando qué cambios había hecho en el testamento y dónde lo había guardado, o cuando un hombre me señaló que no consumiera alimentos en un restaurante y después todo el mundo se contagió de salmonela, o cuando el espíritu del hijo de una pareja muy querida para mí se presentó en medio de una sesión, durante unas jornadas de duelo, para indicarme el lugar exacto en el que uno de los asistentes había escondido una grabadora para registrar las sesiones de veinte personas sin su consentimiento, y, de paso, dejándolo al descubierto. Tenía demasiadas pruebas para saber que cuando el espíritu se presenta e indica algo con vehemencia, sin opciones, casi decretándolo, es porque será así. Durante mi infancia y adolescencia, son muchas las ocasiones en las que un espíritu me ha dado una pista de qué hacer, adónde ir, con quién hablar o qué estudiar para un examen. Pequeñas e innumerables anécdotas que sería difícil para mí enumerarlas.

Por otro lado, sabía que todo esto era parte del plan de su alma y que él estaría bien atendido, tanto aquí como en la otra vida. Que, si se iba, era porque su cometido aquí ya había terminado. También sabía que desde el otro lado seguiría ayudándonos muchísimo. Nunca fui capaz de hablarlo con mi familia. Incluso, cuando mi hermana y mi madre me preguntaron directamente qué era lo que yo veía, no pude expresarles lo que sabía. No podía decir a nadie nada porque pensaba que, si lo confesaba, contribuiría a añadir más energía a ese hecho y a ese pensamiento; además, no me sentía con derecho a causar más dolor.

Aún cabía una pequeña esperanza de que la información hubiera sido errónea o que yo la hubiera interpretado mal. Era improbable, lo sé. Pero ¿y si al final la medicina podía salvarlo? Dicen que la esperanza es lo último que se pierde, y yo quería aferrarme a ella con todas mis fuerzas.

Cuando llegó el 2017, yo rezaba para que pudiera llegar a su cumpleaños, que, al igual que el mío, era el 2 de julio. Una fecha que desde siempre había sido especial y que celebrábamos de manera única. Podría organizarle una gran fiesta para festejar ese día tan importante. Intentaba rezar, sin egoísmo, no para que se quedara por mí, sino para poder festejar juntos ese día tan especial. En realidad pensé que llegaría a cumplirlos; me pregunto a veces, si no sería eso lo que le dio fuerzas y ganas de seguir estando entre nosotros. Llegué a creer que sí, que viviría, que lo celebraríamos y que los ochenta serían especiales, la fiesta de todas las fiestas.

Sin embargo, dos días antes de cumplir los ochenta años, el 30 de junio de 2017 por la mañana, mi padre exhaló el último aliento y se marchó al Cielo.

CAPÍTULO DIEZ

CASOS CURIOSOS

No suelo acordarme de la información que sale a relucir durante mis consultas. Por lo general, una vez que la persona se marcha, la información facilitada se me olvida. No la retengo. Sinceramente, pienso que es mejor así. Que en parte me sirve como mecanismo de defensa, pues me volvería loco si me acordara de todo. Existen, sin embargo, casos que me han impactado más y que sí recuerdo. Suelen ser asuntos en los que algo en apariencia increíble termina sucediendo, o donde he podido ser testigo de una sanación y liberación emocional sin parangones y quisiera aprovechar esta oportunidad para compartirlos.

* El Ángel

Ana había venido a verme por primera vez. Tenía cuarenta y cinco años y quería saber sobre su padre fallecido. Nunca le había visto. No sabía nada de él. Me llamaron la atención los rasgos tan suaves de su cara. Parecía una muñequita de porcelana. Con cara redondeada, gestos y facciones suaves, sonrisa amable, mirada pura y voz aterciopelada. Lo recuerdo muy bien. Pareciera que aún puedo escuchar su voz.

Ana vino en la época en la que yo tenía una tienda en el centro de San Sebastián. Al final de la tienda, unas escaleras bastante estrechas y empinadas descendían al sótano, donde normalmente hacía las consultas. Pasamos, y al poco de estar sentados, vi a su padre. No recuerdo lo que le dije, pero Ana lloraba sin parar. Lloraba tanto que tenía que parar bastante a menudo para reconfortarla, esperar a que ella bebiera un poco de agua y se limpiara con un pañuelo.

Pasamos a hablar de otros temas y a tratar diferentes aspectos de su vida, creo que incluso se presentó algún otro familiar que ahora no recuerdo. De pronto, vino el padre de nuevo. Se ubicó a su lado, me miró con intensidad a través de sus ojos verdes y me mostró a un bebé que sostenía entre sus brazos. Pareciera que quisiera mostrárselo orgulloso al mundo. Por más que lo miraba y le decía que había recibido el mensaje, él no se iba, se quedaba allí. Esa actitud me extrañó, pues por lo general solían marcharse nada más dar a conocer su mensaje.

—Un momento —le dije a Ana—. No entiendo lo que tu padre me quiere decir.

Al preguntarle al hombre qué quería, cuál era el mensaje, me dijo:

—*¡Es este! ¡Este es mi nieto!*

Y seguía sosteniendo al bebé enseñándomelo con orgullo.

Al final lo comprendí. Sabía que se trataba de un hijo que vendría a través de Ana. Ya yo tenía bastante experiencia como para comprender que cuando un espíritu te habla de esa manera como la que me habló él, era seguro que iba a ocurrir.

Yo no sabía que Ana y su marido habían estado intentando tener un hijo y que durante años habían probado diversas técnicas como la inseminación artificial, fertilización *in vitro* y la donación de óvulos. No sabía que ninguno de esos intentos había funcionado ni el pesar que se había alojado en el corazón del matrimonio. Solo escuché la voz del espíritu hablar orgulloso de su nieto, y narrar cómo sería el proceso.

Fue entonces cuando el espíritu se me acercó mucho, tanto, que su voz se convirtió en mi voz, sus facciones en las mías y sus gestos en los míos. Lo había experimentado varias veces durante mi entrenamiento y también después; estaba habituado a esa clase de comunicación, que, sin ser una canalización completa, se le acercaba mucho. Yo solía llamarle cariñosamente información en «modo dictado».

El espíritu dijo que ella quedaría embarazada de forma natural. Que tendría dos embriones y que sería un embarazo dicigótico. Siguió contando que al cuarto mes de embarazo, uno de los bebés se desprendería, pero que el otro se quedaría, y que este segundo gozaría de salud, que nada le ocurriría.

Dijo que nacería un niño varón sano, fuerte y grande, y que debían llamarlo Ángel.

Al decírselo, Ana no paraba de llorar. Casi tartamudeando y sin dejar de sollozar, me preguntó, incrédula:

—Pero... ¿de verdad? Mira que yo ya tengo cuarenta y cinco años y los médicos me dicen que no es posible.

Le conté de forma resumida lo que su padre me afirmó, le dije que cuando un mensaje tiene esa fuerza y nitidez, siempre se hacía realidad, que podía variar algún pequeño matiz, pero que el contenido se mantenía inalterado. Le comenté con cariño que los milagros existían. Ana se fue contenta e ilusionada; había venido a hablar con su padre, y no solo lo había logrado, sino que, además, se había llevado un doble regalo al recibir un mensaje tan dichoso de él.

Después de unos ocho días, apareció un hombre en mi consultorio. Entró y salió varias veces, muy nervioso y con el semblante muy serio. Nunca lo había visto. Todos nos fijamos en él debido a su actitud agitada y extraña. Se le veía muy airado, tenía la cara muy enfadada y no dejaba de moverse. Menos mal que cuando llegó había más gente en la tienda. Al principio pensé que me iba a pegar. Cuando entró y preguntó quién era Mikel, noté que estaba muy serio, pero no pensé en nada más. Al identificarme, me contestó que él era el marido de Ana.

Casi antes de poder decirle que me alegraba de conocerlo, empezó a lanzarme todo tipo de improperios. Me acusó de estar jugando con los sentimientos de las personas, de ser un desalmado y de dar falsas esperanzas. El enfado se notaba en su tono de voz y su lenguaje corporal. Yo lo miraba atónito. Nunca me había pasado nada semejante. Un mensaje es un mensaje.

—¿Qué tienes que decirme? —espetó el señor—. ¿Por qué das falsas esperanzas si los médicos ya nos han desahuciado?

Le contesté que la ciencia no era infalible y que allí donde la ciencia no llegaba podía llegar la acción de Dios. Me miró airado. Sus ojos llorosos decían muchas cosas. Por un lado, esperanza, y, por el otro, dolor, tristeza e ira. Lo comprendo. No debe de ser fácil pasar por todo lo que ellos sufrieron durante tantos años.

Después de unos minutos en los que me dijo una sarta de barbaridades, cada cual más dispar, y exigiéndome que dejara en paz a su familia, salió furibundo de la tienda. En aquel momento estábamos mi socia y yo, no había clientes, y me alegré de ello. Si alguien hubiera visto aquella escena, hubieran pensado que, efectivamente, yo hacía esas cosas de las que él me acusaba. Nadie hubiera creído que yo era inocente, sobre todo tras escuchar su historia fallida de intentar crear una familia.

Unos meses después, Ana y su marido llegaron a la tienda con un regalo para mí. Él parecía otro. Estaba distendido, amable y relajado. Ella, agarrada de la mano de él, lucía una barriguita de unos seis o siete meses de embarazo. No pude evitarlo. Al ver eso, tales fueron mi *shock* y alegría, que, sin ni siquiera saludarlos, la abracé. Me confirmó que esperaba un niño. Recordaba todo el incidente, pero no comenté nada, pues era probable que ella no supiese que él había venido. Además, ya no importaba.

Me pidieron sentarnos para hablar y me contaron toda la historia. Al poco tiempo de asistir a mi consulta, y contra todo pronóstico, la mujer quedó embarazada de mellizos. Dos varones. Ella estaba feliz con sus gemelos y había intentado olvidar mi mensaje. Todo iba bien. No había ninguna anomalía y en las ecografías todo se mostraba de manera normal, hasta que llegó la semana dieciséis. En esa semana, Ana empezó a manchar. Cuando llegó al hospital, le dijeron que un bebé había fallecido, que el otro estaba perfecto, pero que debían hacerle un legrado para salvar al otro. Así fue. Tuvieron que hacer una intervención para salvar al otro bebé. Parecía que su corazón había dejado de latir.

Ya todo había pasado; ella lucía una barriguita hermosa, una cara feliz que se notaba que inundaba su relación, y eran felices esperando la llegada de su hijo. Recuerdo con mucho cariño y ternura lo que pasó justo después.

—¿Qué vais a hacer ahora? —les pregunté, refiriéndome al mensaje de su padre.

—¡Que qué vamos a hacer? —me respondió el padre con efusividad—. ¡Llamarle Ángel! Después de todo lo que ha pasado, ¡cómo podría llevarle la contraria a mi suegro!

Todos echamos a reír por sus palabras, el sentimiento y la naturalidad con las que lo dijo.

Ángel nació sano, fuerte y grande, como el abuelo había predicho. Con dos años, vestía ropa de niños de cuatro. Hacía honor al nombre que llevaba, pues sus grandes ojos azules resaltaban en su carita redonda, y su tez blanca acentuaba aún más el color. Su pelo era rubio, casi albino, bien rizado. Cuando miraba a aquel niño, parecía verdaderamente que estaba viendo a un querubín. Ángel era la viva imagen de los ángeles y los querubines, tal como solían verse representados en imágenes religiosas.

Solían traerme a Ángel a la tienda, para que lo fuera viendo crecer. Gracias a este mensaje y al nacimiento de Ángel, se fraguó una hermosa amistad.

* El ciclista

Ese viernes habíamos tenido una cena de amigos. Algo sencillo, como nos solía gustar hacer a nosotros: una tortilla de patatas y una ensalada, sin lujos.

Hablamos de todo. Nos habíamos puesto al día de las idas y venidas de unos y otros, y nos habíamos reído mucho. Al despedirnos, quedamos para el domingo y, los que no podían, para el viernes siguiente. Misma hora y mismo lugar.

Alexia, una conocida argentina que ese día vino a cenar con nosotros, no tenía cómo volver a su casa. Después de mirar varias opciones, decidimos que la llevaría yo, pues era a mí a quien mejor le venía la ruta, no quedaba muy lejos de donde yo vivía.

Era invierno y la noche estaba particularmente oscura. La temperatura ascendió a 10 °C, y como había llovido, aumentó bastante la humedad. Era cerca de la una de la madrugada y no se veía un alma en la calle. El ambiente no invitaba a salir, la verdad.

En el coche, Alexia y yo hablamos de miles de cosas, más que todo de Argentina. Siempre me ha llamado la atención Latinoamérica, y Argentina era uno de los países que siempre había querido visitar. Me contó sobre las diferentes provincias, los diversos estilos de vida, qué hacía la gente para divertirse, la situación económica del país, etcétera. Una charla muy amena y que no sería nada significativa, si no hubiera sido por lo que aconteció justo después. Alexia me estaba explicando su estado de visitante temporal en el país y me hablaba de su trabajo, el «laburo», como ellos lo llaman, cuando giramos para tomar una curva y meternos en la carre-

tera secundaria que nos llevaría a su casa. La curva
era bastante cerrada. Había que tomarla despacio
y con cuidado para que el coche no hiciera ningún
movimiento extraño y mantuviera el control. La velocidad no excedía los 35 kilómetros por hora. En
aquella curva, con lo cerrada que era, y la visibilidad
de aquella noche, no era posible ir a más.

Sobre la mitad de la curva, había un paso de peatones que tenía algo de iluminación, no mucha, pues
no pasaba mucha gente, pero la suficiente para poder ver con claridad si hubiera alguien que deseara
cruzar.

Inmersos en la conversación, pero sin distraerme
de la carretera, circulábamos con total normalidad
cuando, de pronto, justo delante de mí apareció un
ciclista. Estaba en mitad del paso de peatones, venía
pedaleando enérgicamente desde la parte derecha
para cruzar a la izquierda. De repente, lo vi delante de mi coche, sin tener tiempo de reaccionar. No
lo había visto venir, ni lo había sentido. Tampoco
él llevaba las luces nocturnas reglamentarias. Peda-
leaba una bicicleta de carreras profesional. Llevaba
puesto su maillot, su camiseta con el identificativo
de su patrocinador. Lo tenía delante y no tuve tiempo de reaccionar. Estaba justo delante de mi coche.

Frené de golpe con la certeza de que lo había
atropellado. No lo vimos acercarse. Mi primer instinto fue frenar de golpe, sujetándome al volante

con fuerza. Era tarde. No había tenido tiempo de maniobrar ni de frenar lo suficiente, lo había atropellado. Pero para mi sorpresa, no hubo impacto de ningún tipo, ni choque alguno con nadie. Me di cuenta de que no había sido una persona de carne y hueso. Que se trataba de un espíritu. Al menos en mi caso, no es habitual ver a los espíritus de cuerpo entero; aquello me extrañó. Lo había visto tan nítido, tan claro, que realmente pensé que había sido una persona que se había puesto en mi camino.

El corazón me latía a muchísima velocidad, como si hubiera corrido una maratón. Me quedé parado allí algún tiempo, sujetando el volante, con cara de asustado, en mitad de la carretera y con medio coche encima del paso de peatones. Menos mal que a esas horas no venía nadie más por aquella carretera, pues no me podía mover.

—¿Qué ha pasado? —me preguntó Alexia—. ¿Qué viste?

No la conocía mucho y no quería asustarla, ni que pensara cosas extrañas sobre mí. Ni decirle lo que había pasado, pero sin duda ella sabía que algo me había alterado.

—¿Qué viste? —preguntó de nuevo Alexia. Por el tono de su voz, me di cuenta de que era probable que ella también hubiera visto algo. ¿Sería posible? que aquella manifestación de aquel espíritu hubiera podido ser también percibida por otra persona? Sintiéndome en confianza, aún parado allí y en *shock*, le pregunté:

—¿Qué has visto tú?

—Una bicicleta —respondió.

La respuesta, en lugar de ponerme más nervioso, me tranquilizó. No eran cosas mías, había ocurrido. Había habido una manifestación de un espíritu, tan clara, que los dos pensamos que lo habíamos atropellado. Nos dio un susto de muerte, pero ¿cuál sería el sentido de aquella aparición? ¿Por qué?

—Era un ciclista —le contesté y seguí la marcha.

Pocos minutos más tarde dejé a Alexia en su casa y me fui a la mía. Nunca más se volvió a mencionar ese tema, pero a mí me había dejado un sabor de boca algo extraño. Nunca me había pasado, y aquella sensación de ver que estás pasando a alguien por encima y que no puedes hacer nada para evitarlo fue horrible.

Al día siguiente, más o menos después de comer, supe que, unos metros más arriba, había fallecido un ciclista unos días antes atropellado por un coche. Al parecer, el ciclista descendía por una cuesta en dirección a la curva donde lo habíamos avistado y un coche que bajaba con demasiada velocidad, lo había atropellado matándolo al instante. Sentí que quizás el ciclista aún estuviera por allí. El lugar de los hechos estaba muy cerca de donde habíamos tenido la experiencia.

Suele ser bastante habitual que cuando una persona muere de manera repentina, no se dé cuenta al principio de lo que le ha ocurrido. Si no se dan cuenta de que han perecido, se quedarán cerca del lugar donde ha ocurrido la muerte, esperando a que sus guías o familiares les ayuden. Es cierto que nadie se queda «perdido» para siempre, pero en ocasiones hay que ayudarles a que se den cuenta de que han muerto y a ir a la luz. En esos casos, es recomendable ayudar mediante oraciones, mandándoles amor, encendiendo velas blancas o dedicándoles misas.

Me fui a meditar, recé por él y les pedí a todos sus guías y protectores que lo vinieran a buscar y le ayudaran a marchar a la luz. Lo estuve haciendo durante unos días, hasta que sentí que ya mi ayuda no era necesaria, que ya había conseguido cruzar a la luz. Aunque no existe un ritual específico para estos casos, y se dice «que cada maestrillo tiene su librillo», a mí me gusta invocar al arcángel Miguel. Medito, rezo la oración que mis padres me enseñaron cuando era niño e invoco al arcángel Miguel para que lo venga a buscar y le muestre el camino. Si la madre ha fallecido, o, en su defecto, una figura materna, me gusta invocarla para que acuda. A su vez, lo visualizo envuelto en luz blanca radiante y le mando amor incondicional, a la vez que pido a sus seres queridos que lo ayuden.

❊ Mario

Saray y Aitor llevaban bastante tiempo intentando tener un hijo antes de que ella acudiera a mi consulta. Tenían otro hijo de cuatro años, que, tras un gran esfuerzo, bastantes intentos y mucho sacrificio, habían tenido gracias a un tratamiento de fertilización *in vitro*. Habían probado todo tipo de tratamientos y terapias, y ninguno parecía funcionar. Los médicos comenzaban a darse por vencidos. Ella aún era joven, recién acababa de pasar los treinta y cinco, y él era un par de años mayor que ella. Parecía que el problema era sobre todo de él, que no tenía suficientes jugadores en su sistema para jugar un buen partido, y ella, a su vez, había iniciado un proceso de menopausia precoz. Al menos eso es lo que los médicos les habían dicho.

En la consulta todo fue muy bien. Los datos fluían de mi boca, las percepciones eran múltiples, y los sentimientos y las predicciones parecían ser muy acertados durante toda la sesión. Lógicamente, lo que a Saray más le preocupaba era el tema de un segundo hijo. Por eso, le dedicamos más tiempo a esto intentando profundizar al máximo.

Habían sufrido muchísimo con el embarazo anterior y había sido muy dificultoso traer al hijo al mundo; ahora, en este nuevo intento, estaba ocurriéndoles lo mismo, solo que les estaba repercutiendo negativamente en su salud física y emocional. Como ella así me lo pidió, y al ser un tema tan delicado, decidí abrir las cartas del tarot para mirar con detenimiento lo que en ellas se reflejaba. Como muchas veces me pasa, también en esa ocasión, no estaba viendo las cartas. Las cartas actuaban como meros portales que me ayudaban a dar un salto, enfocar la mirada, y así, entrar en otra dimensión donde podía navegar en las múltiples posibilidades del inconsciente y de las opciones del futuro.

No siempre lo que hacemos está marcado,
en ocasiones nuestros pasos pueden,
al menos en cierta medida, determinar
nuestro camino en el futuro.

Hablamos de una cosa y de la otra. Le hice la tirada normal y la de más allá, siempre intentando responder a la misma pregunta: si serían padres de nuevo y si su cuerpo en realidad había iniciado ya un proceso de menopausia precoz como le habían asegurado los médicos.

Recuerdo que, en multitud de ocasiones, le salían cartas relacionadas con la fertilidad. En concreto, recuerdo que, entre otras muchas de similar significado, le salía mucho la carta de la Emperatriz, que se une con la fertilidad, y la del Uno de Copas, que suele relacionarse con nuevos proyectos y/o nacimientos. Se lo decía con insistencia: «Serás madre de nuevo. No tienes ningún problema para serlo». El problema con este caso era que los médicos que les estaban tratando no veían con buenos ojos seguir haciéndolo. Querían interrumpir el tratamiento. Solo podrían utilizar el óvulo de otra mujer, pero nada más. No les daban ninguna esperanza y les ponían las cosas muy negras, por no decir imposibles.

—¿Cuándo? ¿Cuándo quedaré embarazada? —me preguntó Saray con cierto desespero.

Estaba seguro de que el bebé llegaría y de que sería un niño sano, no solo podía verlo con las cartas, o lo que fuera que fuese aquello, sino que, además, lo podía sentir en mi cuerpo. Ese sentimiento en mis entrañas que tantas veces había sentido y que era una señal inequívoca de que estaba percibiendo de manera correcta.

—No lo sé —contesté.

Quería hacerlo, pero no tenía la información exacta.

—Ese dato no se me ha facilitado, no lo veo con claridad —le dije.

—Entonces, ¿puedes enchufar la radio para verlo?

Me quedé perplejo cuando me dijo lo de la radio, no entendía a qué podía referirse.

—Sí —dijo Saray con una sonrisa de complicidad en la cara—: ya sabes, eso que tú haces con los de arriba —mientras señalaba con el dedo índice hacia arriba.

Me sonreí. Comprendí que quería que le hiciera una sesión mediúmnica.

Cerré los ojos y le agarré sus manos, dije una oración que siempre conjuro al inicio de las sesiones, y pedí que me dijera su nombre en voz alta. La voz me sirve de señal, de antena. Cuando la persona dice su nombre o verbaliza algo, eso me permite usar ese sonido como trampolín y conectar con la información psíquica o mediúmnica.

Al iniciar una sesión, se presentan todo tipo de símbolos. Se asemeja a unos fuegos artificiales o a una lluvia de estrellas, solo que, en lugar de estrellas, se presentan caras, voces, sensaciones, colores, sentimientos, escenas, símbolos, dibujos y/o palabras. Esa vez no fue una excepción. Solo que, en esa ocasión, debía responder a una inquietud en particular y no podía dejarme llevar por esa especie de caleidoscopio que de manera usual me rodea y me abraza energéticamente 360°. Debía darle alguna respuesta específica respecto a su embarazo. Ignorando una multitud de información relevante y buceando entre símbolos de un mar psíquico, navegué hasta encontrar el área que estaba buscando. Visualizaba todas esas señales, como si estuviera en una avenida principal de una gran ciudad, caminando en dirección contraria a las personas e intentando abrirme camino para llegar a mi destino.

Cuando ya lo había logrado, cuando sentí que sí, que mi búsqueda había dado frutos y que, efectivamente, me encontraba en el área que preocupaba a Saray y Aitor, empecé a ver a un niño de unos cuatro o cinco años. Se presentó con el nombre de «Mario». Me dijo que era el alma que estaba asignada a nacer de esos padres: de Saray y de Aitor. Me señaló que él sabía que no iba a ser fácil, pero que ya tenía todo preparado para nacer del vientre de Saray, que esa era la familia elegida y que estaba deseando venir, pero que había varios impedimentos.

Por un lado, me dijo que lo habían separado de su familia y que había muerto de inanición en un campo de concentración en la época de la Segunda Guerra Mundial. Me contó que le tenía mucho miedo a la oscuridad, al tiempo que me mostró una especie de cajón grande de metal donde lo habían mantenido encerrado. Me comentó que tenía mucho miedo de volver a pasar tanta hambre y miedo: miedo a sufrir, a la violencia y a la soledad. Además de los problemas biológicos que pudiera haber, me contó que estos miedos le estaban haciendo su venida a la Tierra muy difícil, pero que estaba decidido a venir, puesto que le habían asignado una misión con esa familia en particular. Además, continuó, había una serie de factores energéticos y de alma muy graves que también estaban dificultando su llegada y debían resolverse primero. Una especie de karma que debía ser limpiado primero. Nada más el niño me notificó eso y yo lo verbalicé, se presentaron un hombre y una mujer delante de Saray. Eran unas personas conectadas con la familia materna de Saray. Me dijeron su relación con la familia, pero no la recuerdo bien.

El hombre era alto, corpulento, de cabeza grande y cuello ancho, de aspecto rural. La mujer, también de aspecto rural, muy menudita, algo mayor que él. Tenía el pelo cobrizo, recogido hacia atrás en un moño bajo; llevaba un vestido gris hasta las rodillas, un delantal, y me mostraba varios utensilios de trabajo de campo. Pensé que la pareja era casada, pero descubrí que no.

La mujer estaba muy apenada, tenía lágrimas en los ojos y se sentía muy triste.

—*Perdón, perdón, perdón* —repetía sin parar.

Dijo que sus acciones y el secreto de haber criado a aquella hija como propia, sin serlo, estaban afectando a Saray y a todas las mujeres de su generación de esa familia. Era la primera vez que escuchaba eso. ¡Que las acciones de nuestros antepasados podían afectarnos frenándonos o impulsándonos! Pero como sabía que un espíritu cuando habla lo que dice siempre es verídico, no lo dudé. Seguí narrándolo.

Me contó que ella, con la ayuda de aquel hombre, que debía de ser una especie de testaferro, le habían robado la niña a una mujer que murió al dar a luz y le dijeron a su familia que la niña había nacido muerta.

La mujer dio unos datos muy significativos sobre la orografía del lugar y las construcciones cercanas, cómo era y dónde estaba la casa en donde ella vivía, dónde había dado la mujer a luz, etcétera. (En este punto me abstengo de revelar más datos por respeto a la privacidad de los protagonistas que localizaron el lugar). También añadió una serie de pautas que Saray debía seguir para poder liberarse de esa influencia negativa.

Fue muy emotivo, y las lágrimas resbalaban por mi cara. Estaba a punto de abrir los ojos y de terminar la sesión, cuando la mujer dijo:

—*Si hacéis todo lo que yo os he indicado, quedarás embarazada de forma natural, sin ayuda de más tratamientos, pero deberás guardar reposo. Será un bebé fruto del amor incondicional más puro. Sabrás del embarazo en una fecha especial, en la que habrá una celebración y muchas personas alrededor. Entre el tercer y cuarto mes, tendrás hemorragias muy abundantes, pensarás que has perdido al bebé, pero él estará en perfectas condiciones. Haz reposo y el bebé nacerá. Todo irá bien.*

Me quedé perplejo y creo que Saray también. No era habitual que un espíritu, alguien que no conoces, facilitara toda esa serie de datos y de información tan específica. Los dos nos encontrábamos abrumados. Tanto emocionalmente como por el contenido del mensaje, había sido una sesión muy intensa. Pero Saray no se quedó en eso. Fue a su casa y le contó al marido lo que había sucedido. Investigaron en la familia materna, y con aquellos datos referentes a la casa y al entorno donde se encontraba, pudieron identificar quién era la mujer. Resulta que en la familia siempre se había sospechado que algo así había ocurrido. Con cierto asombro y mucha expectativa, hicieron todo lo que el espíritu había dicho. Las «tareas» que les habían sido encomendadas incluían, entre otras cosas, un ritual y trabajo personal para ambos cónyuges.

El tiempo pasó, los médicos decidieron que no los tratarían más, y el bebé no llegaba. Sin embargo, la pareja nunca perdió la esperanza, y mantuvieron la fe.

Unos quince meses más tarde, Saray me llamó a mi número personal. Después de tanto tiempo y de tantas vicisitudes, habíamos desarrollado una amistad.

—Mikel —me dijo temblorosa—. Tengo que contarte algo... ¡Estoy embarazada! —exclamó de modo apabullante.

Los dos gritamos y nos reímos en medio de la felicidad más absoluta. Me alegraba enormemente por ellos y la felicité al menos mil veces. Como lo había dicho el espíritu, fue de manera natural y se enteró justo el día de Navidad. Al acordarme del mensaje, le pregunte qué iba a hacer, si iba a tomarse unas semanas de descanso para reposar. Saray tenía un puesto de gran responsabilidad en una empresa con mucho estrés y yo pensaba que eso podía afectarle. Recordaba las palabras del espíritu... «si hacéis todo lo que os digo...». Como mencioné antes, a menudo las cosas que están por sucedernos no están escritas. Nosotros podemos de alguna forma influir en ellas y modularlas. Sentía que este era uno de esos casos.

—No —me dijo con voz pausada—. Yo me controlo bastante y sé cómo gestionarme.

Le recordé las palabras de aquella mujer y subrayé la importancia de lo que había dicho, pero no surtió efecto. Saray fue a trabajar y siguió con su vida con bastante normalidad.

Una tarde, en la semana dieciséis de su embarazo, mientras paseaba por una calle céntrica, ocurrió lo que temía. Saray tuvo una hemorragia muy abundante. Salió corriendo, se subió en un taxi que la llevó de urgencia al hospital. Ella pensaba que tendrían que hacerle un legrado, que todo estaba perdido. Que era el final.

Después de realizarle todas las pruebas pertinentes, los médicos le dijeron que el sangrado venía de fuera de la placenta, que el bebé estaba bien. Seguramente porque el alma se había presentado como Mario, todos pensábamos que iba a ser un varón. En esas mismas pruebas, le dijeron algo que más tarde se confirmaría. Que esperaba una niña.

Después de todo esto, Saray no dudó en tomarse un largo descanso y pedir la baja médica para descansar. La niña nació bien de salud, aunque bastante grande. La llevaron a casa y todo se desarrollaba con total normalidad, cuando, unos días después, la niña comenzó a llorar todas las noches sin parar de manera desconsolada. Nada ni nadie podía hacer callar su llanto. No tenía gases, ni sueño, ni hambre, tampoco ningún cólico ni nada parecido, pero, a pesar de estar bien durante el día, llegaba la noche y empezaba a llorar.

Tras varias noches de desespero, Saray se acordó de lo que el alma había dicho en la consulta y se le ocurrió una idea. Los padres fueron a la habitación de la niña, se pusieron al lado de la cuna y le hablaron. Con mucho cariño, le dijeron que sabían que antes había sido un niño llamado «Mario» y que había muerto en medio de un escenario tenebroso. Le dijeron que ahora era una niña, que estaba en España y que ellos, Aitor y Saray, eran sus padres. Que siempre velarían por ella y que nunca le faltaría nada.

En ese preciso instante la niña dejó de llorar. Aunque parezca asombroso, pareciera que la niña los había escuchado y que los había entendido. Nunca más tuvo esos episodios. De hecho, la niña se caracteriza por ser muy alegre y risueña, siempre está sonriendo y no se enfada con facilidad. Incluso, cuando está enferma y tiene fiebre, no suele llorar. Otra de sus características es que le encanta comer. No me voy a aventurar a decir si esa niña es o no la reencarnación de Mario. Prefiero que sea el lector el que saque sus propias conclusiones.

* Brasil

Creo recordar que fue el marido de una de las hermanas protagonistas de esta historia el que vino a consulta privada conmigo ese día. Hacía muchos años, al menos veinte, que las hermanas no tenían relación alguna con su padre. Los padres se habían separado o el padre había dejado a su mujer, no recuerdo bien los detalles. Lo que sí sé es que no fue un padre modelo o ejemplar. Tras separarse de su madre, tuvo poco o ningún trato con sus hijas y la relación no era buena. Además, habían ocurrido una serie de situaciones duras, tras lo cual el padre decidió mudarse a Brasil, con lo que la relación se deterioró aún más.

El hombre estaba en la consulta. No sucedía nada extraño o fuera de lo normal, al menos para mí.

Todo se estaba desarrollando con total naturalidad, mientras hablábamos de diversos temas que a él le preocupaban y contactando (o al menos intentándolo) con los seres queridos que él deseaba conectar. Hasta ese momento, yo era ajeno a todo el tema de su mujer y de su suegro. Sabía que él estaba casado, pero nada más.

Tras unos minutos de consulta, un hombre se presentó. Estaba algo desaliñado, pero se notaba que había sido muy bien parecido. Cuando conectaba con él, me dolían el pecho y el brazo, síntomas inequívocos de una muerte por infarto. Cuando miro dentro del mundo de los espíritus, sé quién es quién, por dónde se ubican. Habitualmente veo una especie de escalones, y, dependiendo de dónde se encuentre el espíritu, puedo descifrar quién es dentro del árbol genealógico de la familia. Sentía una presencia de padre con este espíritu; sin embargo, no lo veía ubicado donde por lo general vería a un padre. Esto puede pasar cuando un abuelo o un tío han asumido el rol de padres, pero esta vez era distinto.

De repente, me llegó a la mente la palabra «suegro». Lo sentí, lo escuché dentro de mi cuerpo. No me suele gustar formular preguntas en la consulta, pero a veces es necesario para saber quién es (puede que el espíritu no tenga nada que ver contigo y simplemente esté pasando por allí) y, sobre todo, para saber cuál es el mensaje. Con algo de retraimiento, le pregunté si su suegro había fallecido.

—No creo —me respondió con extrañeza—. ¿Qué tiene que ver mi suegro conmigo? ¡Si ni siquiera lo he conocido en persona!

Entonces comencé a hacer lo que siempre me enseñaron durante mi formación: describir lo que veía tal cual se me presentaba. Detallé al hombre en la medida que pude, porque tampoco disponía de mucha información acerca de su aspecto físico, su personalidad, carácter y forma de ser.

En la sesión, recalqué algo que me llamó mucho la atención. Veía una distancia muy grande tanto física como emocional entre quien pensaba que era su hija y él. Esto me hacía sentir que hacía tiempo que no se veían, por distancia física entre los dos, pero también por aspectos relacionales.

—Creo que él vivía lejos —le dije—. Quizás al otro lado del océano. Tal vez Argentina o Venezuela. No lo sé. No lo veo con claridad. Pero siento que es un lugar de Suramérica.

Me esbozó un timidísimo:

—Podría ser.

Tampoco él sabía toda la información.

—Pues yo creo que ha fallecido —afirmé.

Él pensaba que no, que hacía poco que se había recibido alguna noticia de él, pero tampoco sabía decirme el qué ni cuándo con claridad. Además, después de cortar toda relación, las hijas se habían mudado a otra ciudad, impidiendo toda vía de comunicación posible, incluidos redes sociales, correos; habían cambiado su número telefónico, etcétera.

El suegro le dio un mensaje a la hija. Pidió perdón por su conducta y le envió unas directrices para encontrar unos documentos que estaban en la casa de él y que alguien iba a intentar cambiar. Añadió que había escrito numerosas cartas y que nunca le habían llegado a ninguna de sus hijas.

Todo aquello se le hacía muy extraño porque, primero, debido a la poca o nula existencia relacional entre padre e hijas, no sabía muchas cosas sobre él, y, además, pensaba que estaba vivo. Esto pasa a veces. Si el espíritu no encuentra la manera de notificar un mensaje a un ser querido, eligen a una persona cercana para hacérselo saber. En estos casos, suelen ser bastante insistentes.

El hombre regresó a su casa y le contó a su mujer lo sucedido. Al principio, creo que los dos se extrañaron de la naturaleza de la comunicación y del mensaje en sí. En un principio, no hicieron mucho caso. Pero la mujer no quedó tranquila y, al día siguiente, buscó el único contacto que tenía de su padre, y, sin saber si aún sería o no válido, si aún seguiría viviendo ahí, pues hacía años que no hablaba personalmente con él, marcó el número.

Le contaron que su padre residía en Recife y le proporcionaron el dato del lugar en el que vivía. Se trataba de una especie de resort conformado por varios edificios, piscinas, canchas de tenis, etcétera, cerca de la playa. La comunicación no fue fácil, pues ella no hablaba portugués y el portero del edificio, quien contestó la llamada, tampoco hablaba español. Con mucha paciencia, y gracias a la similitud entre los dos idiomas, hablando muy despacio, consiguieron entenderse.

El portero le dijo que creía que su padre estaba durmiendo, que ese día no lo había visto, pero que era normal porque aún era temprano y no solía bajar hasta las once o más tarde. Que dos días atrás había estado conversando con él. El portero le insistió en que estuviera tranquila, que él le diría que la llamara. No obstante, la hija le expresó que, de forma urgente, fuera a su apartamento a mirar si se encontraba bien. Sabiendo que el edificio donde vivía el padre se encontraba a cierta distancia del despacho del portero, este le dijo que iría a mirar y que le devolvería la llamada. Ella nunca confesó que la información había provenido de un médium, sino que afirmó que había sido producto de una sensación negativa.

Cuando el portero fue al apartamento del padre de nuestra protagonista, se encontró con que la puerta estaba entreabierta. El padre yacía muerto sentado en el sillón del salón, con la televisión aún encendida. Todo parecía indicar, como luego se confirmó, que había sido un infarto.

La casa estaba patas arriba. Como si hubiera entrado alguien y hubiera estado buscando un objeto o documento importante en los cajones, dejando la casa desbaratada. Todos los papeles estaban por el suelo y los muebles habían sido movidos. Era claro que alguien más había estado allí. Sobre la mesita del salón encontraron una carta a medio escribir dirigida a sus hijas. Se sospecha que en el momento de su muerte estaba escribiéndoles una carta (quizá se trataba de las instrucciones a las que él hizo referencia en el mensaje) y que, sintiendo un dolor agudo, se reclinó en el sofá esperando a que se le pasara. Nunca se le pasó. Tuvo un infarto que terminó con su vida.

Jamás se supo si la persona o las personas que habían estado hurgando entre sus cosas se llevaron algo o no. El pedacito de carta que pudieron leer (aún sin terminar), junto con la parte del mensaje recibido a través de su marido, y el hecho de haber encontrado a su padre y todo lo que lo rodeaba, dieron mucha paz y satisfacción a las hermanas. Les permitieron cerrar un capítulo y sanar una parte de su corazón.

* Sandra

Se trataba de mi segunda o tercera visita a Fráncfort, en Alemania. Durante mi estancia, siempre realizamos múltiples actividades, talleres, conferencias con demostraciones entre el público, consultas personales, etcétera. Una de mis actividades favoritas son los círculos de mensajes. En ellos hacemos una meditación inicial específica para contactar con guías y con seres queridos, y, después, cada participante recibe al menos un mensaje. Me pongo de pie y, uno por uno, voy girando en el círculo conectando con seres queridos, facilitando mensajes a través de ellos o de la videncia, para arrojar luz a las personas. Nunca sé qué es lo que va a ocurrir. Se trata de mensajes más largos que en una demostración pública, pero más cortos que en una consulta.

Me gusta mucho porque es cuando puedo sentir a los espíritus con fuerza y me siento verdaderamente en mi esencia. Ese día estábamos en un gran espacio del edificio Finkenhof, una antigua casa de masones, en la calle que lleva su nombre. Es un gran salón antiguo, con una lámpara circular enorme de lágrimas de cristal que cuelga en el centro, ventanas altas y estrechas que van desde el suelo hasta el techo, suelos de madera y cortinas *vintage*. Un lugar que mantiene todo su carácter y esencia, en el que aún pareciera que las agujas del reloj de la historia se hubiesen parado. Me gusta mucho trabajar en ese lugar porque allí «habitan» muchos espíritus.

Como siempre, dos voluntarios de la empresa organizadora ayudaban en las múltiples tareas de logística. Cuando entré en la sala, me encontré a una de las voluntarias llorando. No pude contenerme, y, aunque no la conocía, me acerqué a preguntarle qué pasaba. Me dijo que se acababa de enterar de que su mejor amiga había muerto tras semanas de lucha contra la enfermedad del cáncer, y que, además, a una de sus hijas, llamada Sandra, tenían que hacerle una operación muy complicada. Entre sollozos y lágrimas, no pude comprender muy bien todos los detalles de la operación. Consistía en algo así como abrirle en canal, levantarle las costillas, coserle el diafragma y no sé qué órgano más, sacarle una serie de placas de metal que le habían puesto en otra operación anterior, limpiarla, coserla y volver a cerrar. Una operación complicada y arriesgada, y los médicos no le daban muchas garantías.

No conocía a aquella mujer, nunca la había visto, pero su historia me llegó al corazón. Me tocó la fibra sensible. ¡Vaya historia! Que tengan que operar a tu hija de algo semejante y no sepas si saldrá bien o no... La sesión se desarrolló con normalidad, con algunos mensajes muy enérgicos, otros más conmovedores, algunos un tanto emotivos y muchas evidencias del mundo espiritual. Ya estaba a punto de terminar, cuando vi una columna de luz blanca caer encima de la cabeza de la voluntaria. Le pregunté si podía darle un mensaje (como de costumbre solía hacer), y antes incluso de que me diera permiso, comencé a ver a su padre detrás de ella. Lo describí, ella se emocionó mucho, y empecé a transmitirle el mensaje. Tenía que ver con su hija, pero también con su madre. Enfocado en el mensaje y en los detalles del «otro mundo», no me percaté de los murmullos y de los comentarios de los asistentes hasta pasado un tiempo, cuando me señalaron lo que ocurría.

—¿Qué pasa? ¿Por qué estáis tan alterados? —les pregunté.

Un grupo de personas, que normalmente se quedan en silencio durante toda la sesión, no paraban de susurrar entre ellas. Entonces lo vi. La gran lámpara de lágrimas de cristal que colgaba del alto techo del Finkenhof, se movía de lado a lado con virulencia. Pareciera que estábamos dentro de un barco. Llegué a pensar que se nos iba a caer encima. No existía ninguna razón lógica para que la lámpara se moviera de tal manera. Solo podía ser una manifestación del padre de aquella voluntaria.

Cuando fijé mi mirada en la lámpara, una especie de rayo de luz emanó del centro de esta, cayó delante de mí y se transformó en la figura andrógina luminiscente de una persona. En mi mente escuché con claridad una voz que me susurraba:

—*Repite lo que te voy a decir.*

—Sí —respondí, sin percatarme de que lo había hecho en voz alta.

Todo el mundo notaba que estaba comunicándome con alguien y había cierta expectación, también nerviosismo, por los incesantes movimientos de la lámpara. Seguí diciendo:

—Tu hija morirá en esa operación —conociendo cómo funciona el mundo de los espíritus, no lo dudé, y repetí lo que se me había dicho, tal cual lo había escuchado. Se trataba de un mensaje que deseaban que le llegara a la madre y a Sandra.

—*Tu hija morirá en la mesa de operaciones* —volví a escuchar y lo repetí—. *Pero volverá a vivir. Un séquito de ángeles la acompaña... Aún no es su hora, aún tiene que volar mucho en la Tierra y no la necesitamos allá. Tiene nuestro permiso y apoyo para seguir viviendo en la Tierra* —concluyó el mensaje.

¿Era eso cierto? ¿Acababa de decirle yo a una madre que su hija iba a morir? No me lo podía creer. Y, ¿qué era eso de volar? Aquella jerga me extrañó. No eran palabras que por lo general utilizaran los espíritus en sus comunicaciones, al menos, no me había pasado. Quizá pudiera significar algo, pensé. La figura luminosa desapareció y la lámpara dejó de moverse súbitamente. Se aquietó de golpe. Las luces parpadeaban, y también lo hacía todo mi cuerpo. Estaba algo «movido» por dentro por aquel mensaje, pero debía cerrar el círculo. Así lo hice, y la madre se quedó un poco conmocionada, pero aliviada a la vez.

Después supe por la madre que la operación había sido muchísimo más complicada de lo esperado. Que efectivamente sus signos vitales habían cesado su actividad en la mesa de operaciones y que se había pasado casi tres minutos con el encefalograma plano y sin que su corazón latiera.

Al despertar de la operación, la joven comentó que había visto la presencia de la amiga de su madre, que le sonrió y la acompañó para volver a su cuerpo. Dijo también que durante todo ese proceso vio y sintió miles de energías luminosas y angelicales que la acompañaban, que se sintió custodiada y arropada en todo momento y que no tuvo miedo alguno.

Cuando se recuperó de la operación, Sandra se presentó a la formación y a las pruebas de acceso de una aerolínea, Cóndor, y trabaja hoy en día como azafata de vuelo para esta empresa. Sandra ahora es una joven dinámica, alegre e independiente, con un séquito de ángeles que aún la protegen.

* Tía Carmen

Era un día caluroso del mes de julio. Hacía unos meses que había muerto mi tía Carmen, la esposa del hermano de mi madre. Siempre tuvimos mucha relación, pues ella vivía en el lugar donde solíamos ir en verano, Navidad y fines de semana. Era una figura imprescindible en la casa. Trabajadora y tenaz, pulcra y detallista. Siempre que le pedías algo, o ella viera que necesitabas algo, allí estaba. Era incondicional.

Aquella semana había sido un tanto dura para mí. Debido a una serie de casos difíciles que había tenido, comenzaba a dudar de mis dones y me estaba planteando la posibilidad de que hubiera podido perder esa conexión. Puede ser que fuera por eso, que esta experiencia hubiera ocurrido para ayudarme a comprender, que hubiera sido un acto orquestado por el Cielo para que yo confiara de nuevo en mí. Quizá solamente sucedió por el cariño que mi tía me tenía, o incluso, quizá el azar quiso que esto aconteciera. La verdad es que no lo sé. Lo que sí sé es que después de esta experiencia, volví a recuperar la confianza, que, aunque no llegué a perderla del todo, empezaba a tambalearse por aquel entonces. Si mis dones ya no estaban, dejaría lo que hacía y me dedicaría a otra cosa. No podía permitir que el ego me gobernara, se trataba de ayudar a la gente. En eso andaba esa semana. En una especie de crisis existencial interna profunda, que, por fortuna, duró poco.

Era sábado por la tarde y hacía muchísimo calor. Sentía que me iba a derretir en cualquier momento. La temperatura había ascendido a 35 °C, algo muy inusual en la zona donde yo vivía. Después de comer, quise dar un paseo con mi perra, pero me sentí somnoliento y cansado. Con las ventanas de mi habitación abiertas de par en par y la luz del sol entrando en la habitación, me tumbé sobre la cama de mi cuarto para echarme cinco minutos.

Solamente quería tumbarme un momento, pero me dormí. A los pocos minutos de haberme dormido, me desperté. Estaba soñando con algo, creo que era con la tía Carmen, pero no quise poner mucha más atención y volví a cerrar los ojos para dormirme.

Mi tía Carmen siempre había querido tener una hija y tuvo tres hijos varones. Dicen que cuando nació el menor de sus hijos, lloró al ver que era otro varón. Después, la vida le dio una recompensa inmensa y le regaló seis nietas. (Seguro tenía muchos puntos positivos en el Cielo.) Al intentar quedarme de nuevo dormido, estando en ese duermevela, despertándome y volviéndome a dormir, de nuevo, soñé con mi tía. La vi guapa, rejuvenecida, con muchísima energía, jovial, alegre y dichosa. En aquel encuentro me dijo muchas cosas, algunas de ellas difíciles de creer. Por un lado, estaba la naturaleza del mensaje, y por el otro, la semana de dudas y de cuestionarme a mí mismo que yo llevaba. «No sé», pensaba en el sueño, a la vez que me daba cuenta de que era consciente dentro del sueño. ¿Y si no es más que una invención mía? ¿Y si no es más que un sueño? Sería la última vez que dudaría de un espíritu.

Le pregunté que si en realidad era ella, y que si en efecto quería que diese ese mensaje, me diera pruebas irrefutables de que era ella la que hablaba. Me sentía mal por hacerlo; su presencia, energía y amor ya denotaban de quién se trataba, pero no podía quedarme con la duda. Al menos en esa semana, al menos con esa experiencia, necesitaba pruebas. Si las obtenía, seguiría adelante con lo que decía el mensaje, si no, no.

—¿Pruebas? —respondió de manera irónica—. ¿Quieres pruebas?

Tras una larga pausa en la que seguía viendo la imagen de su cara delante de la mía, dijo lo siguiente:

—La mujer de mi hijo el menor está embarazada y será un varón.

Este dato era importante, puesto que su hijo menor ya tenía dos hijas y en principio no querían ni esperaban tener más, pero si lo hacían y traían un varón, sería el primero de esa generación, ya que todos mis primos tenían hijas.

Anoté la fecha del mensaje. Más tarde supimos que sí, que efectivamente, la esposa de mi primo estaba embarazada y que esperaba un varón. En apariencia, en la fecha en la que había recibido el mensaje, ella ya estaba embarazada, pero aún ni siquiera ella lo sabía.

Capítulo once

PREGUNTAS FRECUENTES

1. ¿Qué es un médium?

Un médium es un canal. Sobre todo, lo que es importante que entendamos, es que el médium es un intermediario. El médium no puede «traer» a los espíritus. Los espíritus vienen si pueden y quieren. Siguen manteniendo su personalidad, y, aunque a veces nos cueste hacerlo, debemos entender que no depende del médium. Que el médium es un simple transmisor.

En los términos pertinentes a este libro, un médium sería aquel que realiza labores de intermediario entre este mundo y el otro, entre los que viven y los que han fallecido. Entre los que están en este mundo y los que ya se han marchado al otro, o guías, ángeles y seres espirituales.

Se trata de traer comunicaciones desde el más allá, aportando evidencias y pruebas irrefutables. Un médium que haga honor a su nombre, en mi opinión, debe ser muy riguroso en cómo facilita la información (la jerga y el tono que utiliza) y en las evidencias que aporta. Un médium no es un adivino. Puede que consiga facilitar datos concernientes al futuro y del día a día, pero su misión y objetivo principales son ponerse en comunicación con guías o seres queridos, facilitando primero evidencias, y después haciendo llegar el mensaje. Los mensajes mediúmnicos se caracterizan por traer una gran paz de corazón, consuelo y libertad a aquel que los recibe.

Existen distintos tipos de médiums. No todo el mundo percibe a los espíritus de la misma forma. Algunos pueden ser más visuales y tener más percepciones en ese sentido, otros, ser más sensibles y sentir las emociones y sensaciones del espíritu en su cuerpo; algunos pueden valerse del trance y de la canalización para hacer llegar su mediumnidad, y también hay los que usan la escritura. Menciono estas tipologías como ejemplos, pero se ha de saber que existen muchísimas más. No hay una forma de hacerlo que sea correcta o incorrecta. Cada persona lo hace de manera única e irrepetible. Siempre que se lleve a cabo con respeto, amor y seriedad, es correcto. Los dones mediúmnicos pueden ir creciendo y cambiando a lo largo de la vida del médium manifestándose de diversos modos.

2. ¿Es lo mismo «médium» que «vidente»?

No. Todos los médiums son videntes, pero no todos los videntes son necesariamente médiums. El médium, como ya expliqué antes, es aquel que pone en comunicación personas de ambos lados, los que viven y los que ya no están. Lo hacen con evidencias. Además, por lo general poseen también el don de la videncia o de la adivinación. Un vidente puede ver en el pasado, en el futuro, proporcionar datos muy certeros sobre situaciones que sucederán o mostrar el camino en un lugar como si él mismo estuviera allí, pero no puede ponerse en comunicación con un ser querido.

Muchos videntes, a menudo, son capaces de «leer» algo que nosotros llamamos *impregnación*: una huella energética que un espíritu o una situación ha dejado en un lugar u objeto. En estos casos, el vidente podrá describir y explicar los rasgos de la persona fallecida, pero no habrá mensaje ni interacción, como sí puede hacerlo el médium. Algunas personas intuitivas confunden el ser capaces de leer y transcribir estas impregnaciones con ser médium.

3. ¿Puede un espíritu hacerme daño?

No. De hecho, esta es una creencia falsa con la que me encuentro con bastante asiduidad. Los espíritus no pueden hacer daño, ni quieren hacerlo. La persona, ya sea médium o no, siempre tiene el control de la situación. Existen, además, una serie de leyes naturales universales, que no se pueden romper y que hacen que eso no ocurra. Quisiera que quedara claro que los espíritus no pueden, ni quieren jamás, hacernos daño. Todo lo contrario. No pueden «meterse» en nuestro cuerpo, mucho menos sin permiso; no pueden engancharse a una persona o a una parte física de la persona. Vienen y se comunican desde un lugar de amor incondicional y compasión como nunca nadie ha conocido en la Tierra. Tan grande y tan hermoso que la idea misma de hacer daño a un ser vivo no existe, es impensable.

Sería como decir que un ser humano puede volar moviendo los brazos. No es cierto. No está en su naturaleza, y, además, no serán nunca capaces de hacerlo.

Su misión es darnos la seguridad de que nunca
morimos, de ayudarnos a entender las grandes
verdades del universo para que vivamos
de una manera más plena, y la de guiarnos
para que podamos tomar decisiones más sabias.

Si bien es cierto que las personas siempre tendremos el libre albedrío, desde el «otro lado», nos pueden ayudar a tomar decisiones más sabias, siempre sin interferir. La mente es muy influenciable: lo que creo, crea. ¡Mucho cuidado con eso!

Las personas tenemos muchas clases de protectores, y los guías son unos de ellos. Uno de nuestros guías es el Guardián de la Puerta, que impide, entre otras cosas, que algo negativo pueda pasar. Además, los seres humanos disponemos de un escudo natural que nos rodea, llamado aura, el cual podemos fortalecer, por ejemplo, haciendo ejercicios de respiración y practicando la meditación.

4.   ¿Cómo puedo comunicarme con los espíritus?

Recordamos que cada persona es diferente y lo hace de forma única e individual. No hay dos personas, ni a veces, dos momentos iguales. Teniendo esto en cuenta, cabe recalcar que se trata de un trabajo de por vida, y no de algo puntual que hago. No se trata de montarse en el carro y bajarse después para no continuar el viaje. Por supuesto que la persona siempre estará al mando, pero la comunicación con los espíritus, al igual que el desarrollo de cualquier otra actividad (estudiar, aprender a escribir, a conducir o un nuevo idioma), llevan tiempo y requieren disciplina. Es una relación entre dos partes o dos personas; basándose en la confianza, esa relación podrá ir mejorando o no.

Lo más básico y fundamental, además de ser conscientes de nuestra tarea, es buscar momentos para estar en silencio. Si añoramos el silencio y, además, oramos o meditamos de manera regular, eso nos ayudará a que la «antena» esté más sensible y podamos captar con más facilidad esas señales sutiles.

Es muy importante no olvidarse de enraizar; cuanto más medito, más tengo que enraizarme.

Existen una serie de ejercicios para aprender a enfocar y a trabajar con el tercer ojo, que nos van a ayudar a entender cómo funciona nuestra intuición. Cursos como control mental o ejercicios de visualización son muy recomendables. Lo tercero sería crear el instante y el espacio. Como cualquier otra relación, lo importante es buscar momentos para fortalecerla. Encuentra un lugar personal donde, en ciertos períodos del día, intentes estar en silencio conectando con esa quietud interna.

5. ¿Cómo sé si son espíritus o si es producto de mi imaginación?

Cuando una información viene dada por un espíritu, en algún momento (por lo general, al principio de la comunicación) verás al espíritu. Observarás su cara o su cuerpo, sentirás su energía o percibirás su presencia. Así sabrás que la información que viene enseguida después de esa percepción no es tuya. Además, cuando recibes un mensaje de un espíritu, tu cuerpo reacciona a ello. Tu respiración cambia, tu corazón late de manera diferente, tu piel se eriza, etcétera, se dan una serie de reacciones físico-sensoriales, incluso emocionales, que sabrás perfectamente que no son tuyas. Sin embargo, cuando es de la mente o de la imaginación, vemos una imagen o tenemos una idea de algo, pero el cuerpo no reacciona. No hay sensaciones corpóreas, emocionales, ni energéticas. En contactos con espíritus, a menudo, se suceden todas estas sensaciones a la vez.

6. ¿Es malo llamar a mis seres queridos? ¿Hay que dejarlos en paz?

Esta es otra creencia con la que me encuentro muchas veces. No, no es malo contactar con los espíritus, ni es malo llamarlos. Existe una creencia, que, si los llamamos, los estamos agarrando y aferrando a la Tierra, lo que no les permite descansar. Esto no es cierto. Los espíritus quieren y desean ayudarnos en todo lo que puedan y siempre vendrán en nuestra ayuda, al menos si les es posible. Quizás, al final del día, la decisión siga siendo mía, pero sentiré su apoyo y guía. Muchas veces incluso podrán ayudarme de manera práctica con la temática que les estoy presentando. Es cierto que en los primeros días después de su muerte, y cuando se están muriendo, no es aconsejable estarles llamando. Sobre todo, se recomienda no estar diciéndoles cosas como «No te vayas, no me dejes», «qué voy a hacer sin ti», «¿cómo me has podido hacer esto?». Son frases y peticiones normales, que, en momentos de dolor, a todos nos salen, pero no es conveniente efectuarlas.

Es importante recordar que cuando mantenemos este tipo de actitud un tanto egoísta del que se queda aquí, y, sobre todo, en los días siguientes a la muerte, puede ser que le cueste más al alma marchar. Ellos también reciben ayuda, nadie se queda aquí para siempre, pero es verdad que podemos hacérselo más difícil con una actitud así.

Yo recomiendo encender una vela, pedirles a otros seres queridos que hayan muerto con anterioridad y a sus guías que los vengan a buscar y, simplemente, enviarles oraciones, luz blanca y mucha positividad. Una vez que pase la transición, más o menos luego de veintiún días, a veces menos, y en otras ocasiones más, podemos empezar a hablarles, a pedirles cosas y a comunicarnos con ellos de forma natural y cuantas veces deseemos.

7. Si los espíritus se comunican, ¿significa que no están en la luz?

Es justo al revés. Un espíritu siempre puede encontrar la manera de comunicarse, pero como todo, hay que aprender y mejorar la técnica. Cuando no están en la luz, en aquello que yo llamo el Cielo, pueden emitir sonidos, hacer ruidos, mover objetos, etcétera, pero no pueden tener una conversación o manifestarse de modo interactivo. Cuando un espíritu llega a la luz, aprende a comunicarse y a manifestarse, a adaptar sus señales u ondas a nuestra frecuencia para que podamos comprender el mensaje. Y son justo los que están en la luz los que se comunican. De manera habitual, cuanto más tiempo lleve en la luz, más hábil será a la hora de comunicarse, más fuerte será su señal y mejor se comunicará porque lleva más tiempo haciéndolo.

8. ¿Los espíritus nos echan de menos?

No de la misma manera que nosotros a ellos. Por supuesto que quieren lo mejor para nosotros. Siempre van a velar por que alcancemos un bienestar, desarrollemos nuestros dones en su máxima capacidad y no suframos. Eso sí, siempre sin interferir con nuestro libre albedrío. Ellos siguen manteniendo su esencia, su ser interior, pero ya no tienen EGO. Al desaparecer este, y según va pasando el tiempo tras su muerte, van desprendiéndose de las cosas materiales. Con las personas pasa algo parecido, nos siguen queriendo y cuidando, pero no con ese apego y esa necesidad de pertenencia acérrima. Lo hacen desde el amor incondicional.

9. ¿Cuánto tiempo necesita un alma para cruzar?

Como ya he dicho, no existen dos personas iguales. Depende mucho de varios condicionantes: de lo que la persona sepa sobre la vida después de su vida, de si tenía o no cierta espiritualidad, de cómo fue su muerte y, sobre todo, de cómo fueron esos días previos a morir y cuán consciente fue durante este lapso de tiempo. Por regla general, diremos que un alma tarda entre tres y siete días en cruzar a la luz, en llegar al Cielo. A veces, puede que tarden más; el límite que se ha establecido es de unos veintiún días. Lo cierto es que también existen almas que pueden estar aturdidas y tardar un poco más de tiempo, y otras que ya estaban preparadas (aunque la muerte haya sido de forma repentina) y lo hagan de inmediato.

10. ¿Cómo sabe un espíritu que lo necesito?

La comunicación con el mundo de los espíritus está basada en el amor incondicional. Las señales que ellos emiten viajan a la velocidad del pensamiento. Cada vez que pensemos en ellos, los nombremos, tengamos la necesidad de sentirlos o de recibir su ayuda, o cada vez que sintamos su falta, ellos lo sentirán. Pueden entonces, si están libres y desean hacerlo, viajar a nuestro lado para apoyarnos y ayudarnos. Este viaje ocurre a la velocidad del pensamiento. En la otra esfera, no hay tiempo ni espacio, por eso puede parecer que siempre están ahí, con nosotros, pero en realidad, van y vienen de manera muy rápida.

11. ¿Existen los espíritus negativos?

No. No existen espíritus negativos. O al menos en mi experiencia de vida nunca me he cruzado con uno. Como he señalado anteriormente, se comunican desde un lugar y un punto de amor incondicional y compasión. En cambio, sí existen espíritus perdidos. En ocasiones, sobre todo si somos sensibles o si hemos manifestado el deseo de querer tener encuentros con espíritus, ellos son atraídos por nosotros. Puede ser que existan espíritus que no sepan que han muerto o espíritus que, por causas diversas (porque hayan muerto de forma súbita, o porque no tuvieron tiempo de asimilar lo que sucedía, etcétera), se encuentren algo aturdidos y no encuentren el camino. Estos espíritus son atraídos hacia personas sensibles, pues ellos saben quién los puede percibir y ese estado de alerta y ansiedad puede afectar el campo energético de esas personas al crear disrupciones, pero no porque sea su intención hacerlo. Cuando esto sucede, lo hacen sin darse cuenta.

12. ¿La tabla Ouija es un método recomendable para conectar con espíritus?

No, no y absolutamente no. Este es un tema que en particular me preocupa bastante. La tabla Ouija no es un juguete y no debería venderse con la facilidad con la que suele hacerse. De hecho, es algo bien peligroso. Si alguien quiere conectar con el mundo de los espíritus, le recomendaría meditación, entrenamiento con ejercicios específicos y prácticas de visualización, pero no la Ouija. En la mayoría de los casos, las personas la usan mal, y, por fortuna, es la propia psique la que mueve el objeto. Pero si llegara a ocurrir, si un espíritu se comunicara a través de este método, estaríamos abriendo una puerta que después es muy difícil cerrar y atraeríamos espíritus perdidos.

13. ¿Qué ocurre con las personas que deciden suicidarse?

Este es un tema peliagudo y no sé si tengo respuesta para eso. No soy un gurú y solo sé lo que mi experiencia me ha dejado. Nadie se queda perdido por siempre, pero debemos recordar que cada caso es diferente y único. No se puede generalizar. Depende mucho del cómo y del porqué, de si faltaba mucho tiempo para terminar su misión de alma, o de si estaba ya terminándola. Solo sé que la sociedad necesita tratar estos temas con más compasión.

Dicho esto, afirmaré que por regla general no encuentran, o hay que ayudarles más a hallar el camino a la luz. Es como si sus sentimientos tiraran de ellos hacia la Tierra y les costara elevarse. Recordemos que ellos también tienen guías y reciben ayuda desde el otro lado. En algunas ocasiones, el alma puede estar vagando, sin ir a la luz, porque no puede o porque no ve el camino, hasta que llegue la hora en la que hubiera fallecido. Pero ningún alma es ajena al poder curativo de la oración y del amor incondicional. Podemos hacer muchísimo bien utilizando esas pequeñas herramientas.

14. ¿Adónde van las almas después de morir?

Nadie nace solo y nadie muere solo, pero existen muchos factores que pueden influir en cómo vaya a ser esa transición. La transición comienza siempre antes, días o semanas antes, incluso cuando ha sido un accidente o una muerte súbita, de que ocurra la muerte física. Las creencias, el modo de vida, la causa de la muerte y las condiciones en que murió tendrán un efecto directo en lo que encontremos justo después de morir. Primero, un familiar anteriormente fallecido y, en ocasiones, un guía les viene a recoger. Como alguien que te ayuda en un aeropuerto a encontrar el camino a tu puerta de embarque. La misión de esta persona es hacerle más fácil la partida y también ayudarle en la llegada.

Después, ocurre lo que se llama *revisión de vida*. Algunos lo hacen como en una especie de pantalla 3D; otros, en una especie de destello tipo *flash*. Revisan su vida, sienten en su cuerpo aquello (bueno y malo) que han hecho sentir a las personas con las que se cruzaron en su vida, y hacen una revisión de alma estudiando qué misiones cumplieron, y cuáles les quedaron sin realizar. Enseguida, pasan a lo que yo llamo «la luz» y se quedan allí, continuando con su aprendizaje, en un lugar lleno de amor incondicional y compasión.

15. ¿Qué hacen los espíritus en el «otro lado»?

Su vida, su existencia, labor y misión no acaban cuando dejan el plano físico. Ellos seguirán con su crecimiento de alma y muchos elegirán ayudar a otros. No existen lugares físicos como en la Tierra, pero sí estados de consciencia que deben ir poco a poco superando hasta llegar a la compleción. Comparten, vigilan, cuidan y aprenden. Una de las cosas más maravillosas que los espíritus suelen decir en sus comunicaciones es que siguen creciendo como alma y aprendiendo nuevas cosas importantes para la evolución del alma. Algunas almas pueden elegir ayudar en algo en la Tierra (por lo general se da con algo que les solía apasionar y no hicieron mucho durante su vida terrenal).

16. ¿Cómo saber si es imaginación o intuición?

La imaginación, el deseo personal y la proyección mental no van acompañados de esas sensaciones fisiológicas que hemos mencionado. Además, cuando no estoy seguro de si algo es intuición o no, simplemente lo dejo ser. Desecho la idea y lo dejo ser durante unos días. Si era imaginación o deseo, me olvidaré de ello y se me pasará. Sin embargo, si era fruto de la intuición, volverá a repetirse y lo hará de maneras diferentes, a través de otros medios y en circunstancias distintas.

17. ¿Cómo percibes a los seres del más allá?

Muchísimas veces los veo de cuerpo entero. Cuanta más gente haya en la sala, más notorias son las manifestaciones y más fuertes son las apariciones. De alguna forma, ellos se apoyan o se sujetan en nuestra energía vital para mostrar un cuerpo y unas facciones que ya no poseen. En las consultas, a veces veo solo la cara, en ocasiones solo el busto, y, casi siempre, los veo de cintura para arriba. Sobre el inicio de la comunicación, los veré como estaban cuando murieron, o como la persona los recuerda. Después, su imagen irá transformándose para mostrarme cómo están ahora. A la vez que los veo, siento emociones, tengo sensaciones físicas y sentimentales, y otras imágenes, otros símbolos, olores y presencias rodean la imagen del espíritu.

18. ¿Pueden mis padres regresar a mi vida reencarnados en mis hijos?

Es muy poco probable. Normalmente alguien que has conocido, y que ha vivido en tu mismo espacio, tiempo y familia, no volverá a reencarnarse en la misma familia, ni en el mismo tiempo. Si lo pensamos con detenimiento, tiene sentido. ¿Por qué volveríamos al mismo destino o al mismo país cuando puedo viajar a conocer nuevos lugares y explorar nuevas experiencias? Los niños son excepciones. Cuando eso ocurre, que un niño que no alcance a nacer o fallezca al poco tiempo de hacerlo vuelva a nacer en la misma familia, o a través de la misma madre, lo hace porque tiene una misión sanadora muy importante en esa familia.

19. ¿El guía espiritual suele ser un familiar?

Aquí debemos diferenciar entre guías y protectores. Un protector es una persona que has conocido en tu vida, familiar o no, o alguien perteneciente a tu linaje que puede que no hayas conocido. Pueden ayudarnos, y lo harán siempre que se lo permitamos, pero solo pueden ayudarnos en aquello que sabían, no en todo. En cambio, los guías espirituales son seres elevados de luz que por lo general no han estado en la Tierra, nunca se han reencarnado, o, si lo hicieron, debido al gran impacto positivo que consiguieron en los corazones de las personas, no necesitan volver nunca más. Los guías pueden ayudarnos con todo o casi todo, junto con los ángeles y arcángeles (que son otra clase de guías), y son los que más cerca están de la conciencia de la creación.

20. ¿Cuántos guías tenemos? ¿Son siempre los mismos?

No existe un número predeterminado. En general, tenemos una serie de guías que nos acompañan y que permanecerán siempre a nuestro lado. Después, hay guías que vienen y van, dependiendo de lo que esté ocurriendo en nuestras vidas en ese momento, para ayudarnos en esa labor concreta.

21. ¿Existe la reencarnación?

Desde mi punto de vista, sí. No se trata, como algunas personas lo quieren hacer ver, de regresar a la Tierra una y otra vez, como castigo y sin ningún control. Siempre tenemos el control. De lo que se trata es de superar diferentes escalas de consciencia, de ir adquiriendo sabiduría y riqueza espiritual para que, después, en otras reencarnaciones, revirtamos eso en los demás. A veces, nos tocará recibir la ayuda, y, otras, darla. No es un castigo, sino que se trata de una evolución personal, donde se van sumando experiencias y sabiduría para finalmente alcanzar la plenitud.

«Para viajar lejos no hay mejor nave que un libro.»
EMILY DICKINSON

Gracias por tu lectura de este libro.

En **penguinlibros.club** encontrarás las mejores
recomendaciones de lectura.

Únete a nuestra comunidad y viaja con nosotros.

penguinlibros.club